聖書に聴く

関谷信生　説教集

題字・西原眞理子

表紙・藍染　屏風「早春の光」久保木妙子

はじめに

私は二〇一一年三月末をもって、日本ナザレン教団の牧師を辞した者であります。四八年間、牧師としてたくさんの説教を語らせていただいた中に、忘れられないものも幾つかあります。それらの録音を聞き、原稿を読む度に、「これで良く四八年間も語って来たなあ」と実感させられています。そんな思いでいる時、「説教集を出しましょう」と幾人かの信徒の方が発案されました。今までに多くの牧師たちが、現役時代に、また牧師を退かれてから、説教集を刊行しておられることは承知しております。しかし、私が「説教集を」とは思ってもみないことでした。稚拙な説教を説教集にして刊行すること自体が、恥ずべきことのように今も感じております。しかし、「牧師であった」という事実を見える形で残せることを思い、感謝を持って刊行の申し出を受け入れさせていただきました。

説教者として語らせていただいた説教が、語る者に「お前へのメッセージでもある」と厳しく戻ってくることを、否応もなく感じさせられる日々でした。特に一九七九年一一月四日に、『モーセの選んだ生き方』という題で説教を語りました。その週の水曜日、私ども夫婦に与えられた息子の知能に障害があることが分かった時、「『モーセの選んだ生き方』こそ、お前の生き方」と強く思わされ、説教を語る者が自身の語る説教を生きなければならないと、しっかり知らされた瞬間でした。そしてその後、そのような思いに毎回毎回迫られながら語ってきたことを忘れられません。そしてその説教を、神はまず私に語りかけて下さいました。私が聞いたメッセージを次の主日の礼拝において、私自身が〝通り良き管《くだ》〟となって、聴衆に語ることがその役割でした。けれども〝通り良き管〟どころか、様々な物が詰まっていたり、ひびが入っていて、大切なことが漏れていたりする管であったと思い知らされております。それでも祈りながら、そして説教を待っていて下さる聴衆の顔を思い起こしながら準備し、語らせていただきました。せめて一つでも「良い説教」であればよかったのですが、毎週礼拝後、「次週こそ」という思いにさせられていました。

今、説教の役割から解かれ、ホッとしながら聴衆の一員として説教を聞いています。聴衆となった今、現役時代には神の守りと多くの信徒の方々の祈りに支えられていたことを思わされております。足らざる所が多いと思います。ご指摘いただければ幸いです。

目次

主なる神の熱意

1　神による復活の計画

日本ナザレン教団月見ヶ丘教会

１９８２年４月11日イースター礼拝

創世記　１章１～３節

初めに、神は天地を創造された。地は混沌であって、闇が深淵の面にあり、神の霊が水の面を動いていた。神は言われた。／「光あれ。」／こうして、光があった。

神の御心

本年のイースターを迎えました。共に喜んでまいりましょう。

神は天地創造の第一声として、「光あれ」と語られました。神の絶対的な御心であります。それは主イエスが第一声として、「神の国は近づいた。悔い改めて福音を信じなさい」（マコ１・15）と語り、生涯を通して生きていかれたことと同様です。「光あれ」ということが天地創造以来の地上の歴史を貫き通しているのです。神の御心は、天地の始まりの時から、聖書の最後の文書である黙示録が伝える新天新地の完成に至るまでのどの時にも、光を注ぎ続けることであります。

闇の中にいる人間

光の反対語は「闇」という言葉です。光の無い所、届かない所を私たちは「闇」と呼んでいます。闇は、人から笑顔を奪います。出エジプトをした民の姿がその一例です。彼らは希望を持ってエジプトを出ました。その彼らは荒野を放浪する民となり、食物や水に困窮しました。そこで指導者であるモーセに、「我々はエジプトの国で、主の手にかかって、死んだ方がましだった」（出エ16・3）と詰め寄りました。彼らの不安がそう言わせたのでしょう。また、紅海を目の前にした時、後ろからエジプトの軍が迫って来るのを見て、それこそ一寸先は闇のような状況になりました。その時、神はその民を御手によって守り導かれたので、彼らの内にあった闇は消え、光が差し込んできたに違いありません。

神に背いた罰として、バビロンに捕らわれの民となった人々がいます。詩編一三七篇には嘆きの言葉が歌となっているのです。顔を伏せ、顔を曇らせた光景が思い浮かびます。その彼らに対して、神の言葉が臨みます。イザヤ書四〇～五五章（第二イザヤと呼ばれる）に記されている言葉です。「神の言葉で慰めよ」と預言者に命じたのです。それを聞いた民らは悔い改め、神の計らいによって故郷に帰る道が開かれました。顔を伏せていた彼らは悔い改めによって、光を得る民となったのです。

新約聖書の中にも、闇の中に生きていた人が光に出会ったことが書かれています。生まれた時から足が不自由な人のことです（使徒3・1～10）。この人に主イエスの弟子であるペトロとヨハネが出会いました。彼は施しを乞うていたので、二人の弟子は、「ナザレの人イエス・キリストの名によって立ち上がり、歩きなさい」とその人に向かって言ったのです。その時、彼は「足やくるぶしがしっかりして、躍り上がって立ち、歩きだした」のです。期待とは違いました。しかし、その人に応えて何かを与えたならば、それが無くなった時、再び物乞いをしなければなりません。「ナザレ人イエス・キリストの名によって」生きるということは、そうではなく、日々感謝の内に生きることが出来るものだと二人は知っていたからです。彼は立ち上がりました。ここでも、施しを乞うた人にとっての確かな「光」が与えられたのです。

キリスト者を包む光

闇の中で光に出会い、神の確かな導きを知った人たちのことを聞きました。「光あれ」の歴史そのものだと言うことが出来ます。

ヘブライ人への手紙の記者は、一一章に「（信仰とは）見えない事実の確認」（1節）と書いています。これは「光あれ」が将来の出来事でもあることを語る言葉であります。この章は神から約束の言葉を受けながら、地上ではそれを見ることがないまま、天に帰った人たちのことを語っています。けれども神の御心によって、新天新地完成の時に、その「事実」を神は見せて下さるという信仰です。

私たちにも、「見ていない」神の約束が与えられています。その約束も、新天新地の完成の時に見ることが出来るのです。これも神による「光あれ」の出来事なのです。ここに、キリスト者は証人として、今、既に招かれているのです。

「イースターの喜びの日」だからこそ

私たちはどのようにすれば、このことの証人になれるのでしょうか。

私たちも「光」を受けていることを感謝することから、それは始まります。私たちは外からの闇と、内からの闇の中に置かれているのが実情でしょう。

外からの闇とは、日々の生活の中に在って、笑顔を失わせるような出来事に会っているということです。また、誰も逃れられない「死」と直面しなければならないということです。これらに対し福音書の記者マルコが、「だれが墓の入り口からあの石を転がしてくれるでしょうか」（16・3）と言う人々の声を紹介しています。現代に生きる私たちの思いでもあるようです。マルコは続けて、「ところが、目を上げて見ると、石は既にわきへ転がしてあった。石は非常に大きかったのである」（4節）とも書いています。「主イエスの復活」は、あの石のように重苦しい闇を取り除き、人の生き方に光を与える出来事となったというメッセージなのです。

福音の宣教者パウロはコリントの信徒への手紙の中で、「死」を「最後の敵」と定めています（Ⅰ15・26）。

しかし、この「最後の敵」を「主イエスの復活」が打ち砕いたと伝えます。

今触れました二つの記述を通して、外からの闇に対して、主イエスの復活が光を与えていると言うことが出来ます。そして私たちは内なる闇も持っていることを認めなければなりません。人間は神の被造物であって、神と共に生きることが人間にとって最も良い生き方であるのです。しかし、人間は神と共に生きることを選ばず、自分の思いのままに生きる方を選びました。そのため、自己中心的な生き方をし、神の御心を求めなくなり、人の思いを聞けなくなってしまったのです。それを聖書では「罪」と呼びます。その結果、命の木の道から遠ざけられたと創世記（3・24）には記述されています。

神と人との断絶と和解―イエスの復活

「罪」は神と人との断絶を意味する言葉です。具体的には、「神よ」と人間の側から呼びかける道を失ったということであり、神の言葉が人間に届かないということなのです。これこそが、心の内を覆《おお》う闇であると申し上げなければなりません。しかし、一方的に神はその罪、また闇を主イエスの十字架の死と復活によって打ち砕いたのです。内なる闇が全く打ち砕かれた出来事であります。主イエスの復活によって、神の側から呼びかけて下さる道も、そして、私たちから「神よ」と呼びかける道をも開いて下さったのです。主イエスの復活が、私たちにも光が注がれるたった一つの道であり、保障なのです。

パウロはコリントの教会に、こうも言っています。「キリストと結ばれる人はだれでも、新しく創造された者なのです。古いものは過ぎ去り、新しいものが生じた。これらはすべて神から出ることであって、神は、キリストを通してわたしたちを御自分と和解させ・・・」（Ⅱ5・17～18）。神の言葉と神を賛美する教会に加えられることによって、神の絶対的な御心であり、歴史を貫く「光」の中に私たちも招かれているのです。神に感謝です。「復活」の喜びに与《あずか》らせていただきましょう。

2　神の一手

日本ナザレン教団飯塚教会
２０２１年1月31日
創世記　3章20～24節

アダムは女をエバ（命）と名付けた。彼女がすべて命あるものの母となったからである。主なる神は、アダムと女に皮の衣を作って着せられた。主なる神は言われた。「人は我々の一人のように、善悪を知る者となった。今は、手を伸ばして命の木からも取って食べ、永遠に生きる者となるおそれがある。」主なる神は、彼をエデンの園から追い出し、彼に、自分がそこから取られた土を耕させることにされた。こうしてアダムを追放し、命の木に至る道を守るために、エデンの園の東にケルビムと、きらめく剣の炎を置かれた。

エデンの園からの追放

今朝は、創世記三章二〇～二四節から御言葉を聞いてまいります。神から、「善悪の知識の木からは、決して食べてはならない」（２・17）と命じられていたアダムとエバでしたが、誘惑に負けて果実を取って食べてしまい、エデンの園から追放されました。それは神との対話を失い、神の像《かたち》も失うことでもありました。ここで言う神の像とは、神と私が、「あなた」と「わたし」として互いに認め、受け入れ合う姿です。二人は神との交わりを失った時、今まで当たり前だと思っていた多くのことが、実は、とてつもないほどの神の恵みであったと知ったのです。それとともに、再び楽園に入る道も閉ざされました。エデンからの追放は、神からの裁きの形です。ですから神の裁きには当然、神が与えて下さる永遠の命への道が閉ざされるということも伴うのです。

神の恵みを失った二人は、神に立ち返る術《すべ》も、祈る術も、何も持ち合わせることが出来なくなったのです。追放されたことによって神を忘れたのか、あるいは神を求めることを止めたのか、私たちには知る由もありません。反対に、神の下に立ち返りたいと願い、果実を食べたことを後悔しているとすれば、神の恵み・神の言葉から遠ざけられたことは、とても辛く、重いものになっていきます。

神の一手

本日は「神の一手」という題が与えられています。「一手」とは、囲碁や将棋の対局の中で使われる言葉ですが、「神の一手」は、神と人との闘いのための「一手」ではありません。まして、神が勝利しようとするための「一手」でもありません。それは、エデンの園の東に追放された二人にとって、そして私たちを含むすべての人間にとって喜びとなる「一手」であると思わされています。

エゼキエル書にこう書かれています。「彼はわたしに言った。『これらの水は東の地域へ流れ、アラバに下り、海、すなわち汚れた海に入って行く。すると、その水はきれいになる。川が流れて行く所ではどこでも、群がるすべての生き物は生き返り、魚も非常に多くなる。この水が流れる所では、水がきれいになるからである。この川が流れる所では、すべてのものが生き返る。」（47・8～9）この箇所をもう少し進みますと、エン・ゲディという所へ流れていく川だと書かれています。エン・ゲディとエデンとは直接の関係は無いのですが、「東に流れる」という言葉と、「この川の流れが届く所の水がきれいになる」という言葉によって、エデンの東に追放された二人のことを思い起こしました。新共同訳聖書では、この箇所の小見出しには、「命の水」とあります。「命の水」が川となって「東に流れる」ということは、神の恵みがアダムとエバの所へ流れていくことの象徴のように感じられるのです。今も申し上げましたように、エン・ゲディとエデンとは直接の関係はありませんが、神の川が「東に流れる」ということに、私自身が「神の一手」を感じさせられます。

もう一箇所、聖書の記述を読ませていただきます。「イエスは、ヘロデ王の時代にユダヤのベツレヘムでお生まれになった。そのとき、占星術の学者たちが東の方からエルサレムに来て、言った。『ユダヤ人の王としてお生まれになった方は、どこにおられますか。わたしたちは東方でその方の星を見たので、拝みに来たのです。』」（マタ2・1～2）この言葉を聞いた時、皆さんはどのような感想を持たれるでしょうか。特に「東方の占星術の学者たち」の部分です。「東方」が、どの辺を指しているかは分かりません。しかし「東方」と言う時、そこには神から追放されたアダムとエバを思い起こさせるものがあります。マタイによる福音書が伝えようとした「東方」とは、エデンの園の東に追放された二人、それ以来神の言葉に従うことが出来ず神から離れて行った人間たち、そして今離れている人間たちすべてに向かって、「神からの救いの一手」としての光が、星となって差し込まれていった場と言うことが出来るのです。

「東方」からの解放

話を最初に戻しまして、神は、果実を食べてはならないと命じました。神は、御自身が語られたことを人間が受け入れるように期待し、信頼していたと思います。しかし、人間は神から与えられている自由意志によって、神の言葉よりも、自分の心の内に湧いてくる「果実を食べたい」という欲を満たす道を選び取りました。その結果、エデンの東へ追放されたのです。その彼らに対し、神に帰る道を神御自身が提供されたのが、「東方」に向かって輝いた星なのだと言うことが出来るのです。

さて、人間は実際には、どこまで神の裁きに耐えられるのでしょうか。それは、個々人によって多少の違いがあると思います。けれども、一度神の恵みを味わった人間、神と言葉を交わした人間にとっては、再びそれを経験することが出来ないということは、とても辛いのではないでしょうか。そして、その辛さを知っておられるのは、神なのです。ルカによる福音書の「放蕩息子の物語」（15・11～32）がそのことを伝えます。自分を愛してくれている父親を捨て、大金を持って父から離れ、父の目の届かない所へ行って生活を始めた息子が、その生活に行き詰まった時、「父の家には…」と思い起こし、恥も外聞も捨てて帰ろうとしました。家の近くまで来た時、走り寄って来る父親が見えたのです。父が自分をずっと待っていてくれたことに気付きました。後悔する息子、惨めさを感じている息子が帰ることの出来る唯一の場所は父の下であると、イエスはたとえ話で語ったのです。

エデンの東に追放されたアダムとエバ、そして神から離れた人間たちの帰ることとの出来る唯一の場所は、父なる神の下なのです。繰り返しになりますが、放蕩息子とは違って、エデンの東に追放された人間たち、そして神から離れた人間たちには、帰るための術があるのでしょうか。答えは「ある」と言えます。「東方」に向かって差し込んだ星の光が、それであります。

「神の一手」を託された教会

今日においても、その光は神から離れた人間たちに向かって差し込まれているでしょうか。イエス・キリストの十字架の死と復活という「福音」を語る教会こそが、その星の光の役割を与えられていると言わなければなりません。私たちの教会も、それらの働きを担う教会の一つです。今の時代、数えきれないほどの宗教団体や信仰があります。それは人間が常に悩みを抱え、行く道を捜していることの表れでしょう。主にあっての教会は声高ではなくても、ただひたすら、この世にあって星のように、人々の心に光を輝かせる存在として神から用いられ、この世を覚えて祈り、この世に生きる教会とされたいと願います。

3　私たちの祈り

日本ナザレン教団関東地区ティーンズ・キャンプ
２０１３年３月19日
創世記　21章９～21節

サラは、エジプトの女ハガルがアブラハムとの間に産んだ子が、イサクをからかっているのを見て、アブラハムに訴えた。

「あの女とあの子を追い出してください。あの女の息子は、わたしの子イサクと同じ跡継ぎとなるべきではありません。」

このことはアブラハムを非常に苦しめた。その子も自分の子であったからである。神はアブラハムに言われた。

「あの子供とあの女のことで苦しまなくてもよい。すべてサラが言うことに聞き従いなさい。あなたの子孫はイサクによって伝えられる。しかし、あの女の息子も一つの国民の父とする。彼もあなたの子であるからだ。」

アブラハムは、次の朝早く起き、パンと水の革袋を取ってハガルに与え、背中に負わせて子供を連れ去らせた。ハガルは立ち去り、ベエル・シェバの荒れ野をさまよった。

革袋の水が無くなると、彼女は子供を一本の灌木の下に寝かせ、「わたしは子供が死ぬのを見るのは忍びない」と言って、矢の届くほど離れ、子供の方を向いて座り込んだ。彼女は子供の方を向いて座ると、声をあげて泣いた。神は子供の泣き声を聞かれ、天から神の御使いがハガルに呼びかけて言った。

「ハガルよ、どうしたのか。恐れることはない。神はあそこにいる子供の泣き声を聞かれた。立って行って、あの子を抱き上げ、お前の腕でしっかり抱き締めてやりなさい。わたしは、必ずあの子を大きな国民とする。」

神がハガルの目を開かれたので、彼女は水のある井戸を見つけた。彼女は行って革袋に水を満たし、子供に飲ませた。神がその子と共におられたので、その子は成長し、荒れ野に住んで弓を射る者となった。彼がパランの荒れ野に住んでいたとき、母は彼のために妻をエジプトの国から迎えた。

今回、十代の皆さんに、聖書からのメッセージを語る機会を与えられました。私のことを最初に申し上げますと、私は一七歳の時にイエスを信じて今日に至っています。その時から四七年過ぎた今、メッセージを語ることに、とても責任を感じています。その中で、皆さんと福音を共有できるようにと願っています。

与えられている祈りの手段

今回、聖書から、「祈り」ということを語らせていただきます。まず、皆さんに直接の答えは求めませんが、自分が祈ったことが聞かれた、という体験がおありかどうか、そして、どのような祈りが聞かれたかも伺いたいと思います。いかがでしょうか。「泣く」ということも、祈りの一つの姿であることを思わされています。

そこで、今回は創世記二一章から、「ハガルが泣いた」、「イシュマエルが泣いた」という記述を通して語ってまいります。皆さんも赤ちゃんの時から「泣く」ということを繰り返してきたことでしょう。泣ける、泣いてもかまわない、という環境の中で育つことは大切なことだと思っています。

ハガルは、「信仰の父」と呼ばれたアブラハムの妻サラに仕える人でした。女主人サラには、子どもが与えられていませんでした。そこで、サラはハガルに、アブラハムの子を産むことを望みました。そして、ハガルはサラの望み通り、男の子を出産したのです。その子にイシュマエルと名付けました。けれども後にサラは、アブラハムの所有している全てを受け継ぐ人となるイサクを出産しました。そのことがきっかけとなって、サラはハガルとイシュマエルを、家から追放してしまうのです。

無力の中で生まれる祈り

追放された母と子は、一五・一六節にありますように、飲み水も無くなるほどに困窮していきます。二人は安住の場所を得ることが出来ず、不安の中で泣き出してしまいます。しかも、「声をあげて泣いた」と聖書は記述しています。ハガルは、イシュマエルを育てることが出来ないことの悔しさと、悲しみと、申し訳なさで泣いたのでしょう。そして、その泣き声は、主の使いに届くほどのものでした。ハガルは泣き疲れると共に、身体も疲れ果ててしまったため、イシュマエルを抱いていることが出来ず、「灌木の下に寝かせ」(15節)たと書いてあります。この「寝かせる」という言葉は、そっと寝かせるのではなく、「投げ出す」という意味が原語では使われています。ハガルは、イシュマエルを抱いている力が尽きてしまい、投げ出すようなことしか出来ないほど、弱っていたということです。

また、イシュマエルも泣いた、と聖書は告げています。その泣き声について、「神は子どもの泣き声を聞かれ、天から神の御使いがハガルに呼びかけ」(17節)とも書いています。その泣き声にはどれほどの元気さがあったのでしょう。声も出ないほどの泣き方だったと思います。そしてその泣き声が、いや、泣かざるを得ないハガルとイシュマエルの心が、神に届いたと考えることが出来るのではないでしょうか。

皆さんも赤ちゃんの時は、自分の思いを泣いて表していたと思います。そのことを通して、皆さんの思いが、いつも近くにいて見守ってくれた人、育ててくれた人に届いていたでしょう。「泣いてもかまわない環境」と先ほど言いましたが、泣き声は心の大切な表れなのです。

言葉としての泣き声

さて、私どもの家庭に二人の娘がおります。上の娘が結婚し、幸いなことに子どもを与えられました。もうすぐ三歳になります。この子はよく泣く子だったようで、娘は最初、なぜ泣いているのか、泣いた時どうしたらよいのか分からなかったそうです。しかし徐々に、子どもが何かを伝えようとして泣いているということが分かってきたのです。泣き声が子どもの心の表現であることが分かり、受け止めていくことが出来るようになり、応えていくことが出来るようになった、と言っていたことがあります。

ある乳児施設で、こういうことがありました。この施設は、おむつの交換を定時に、つまり毎時ゼロ分になると行っており、他の時には、おむつが汚れて赤ちゃんが泣いても、交換することなく過ごしていたのです。赤ちゃんは、決まった時間におしっこをするわけではありません。おむつを交換したとたんに、おしっこしてしまうことだってあります。それでも、定時が来るまでは交換することが無かったのです。無かったと言うよりも、出来なかったと言った方が良いだろうと思います。私も保育園の園長であった経験がありますが、乳児への対応はとても忙しく、余裕があるとは言えないと思っていました。ですから、この施設のことを批判することは出来ないのです。

赤ちゃんはおむつの交換を求めたり、お腹が空いたりした時に泣き声で知らせるのですが、その声が届かないことが繰り返されると、徐々に赤ちゃんが泣かなくなってきたということです。赤ちゃんは、泣くことで自分の思いを表していたのですが、泣いても応えてもらえないと感じた時から、泣き声をあげることが少なくなっていったのです。それだけではなく、表現しても伝わらないという体験となって、自分の思いを言葉で表現することも弱くなっていったことが報告されています。

私たちの祈り

しかし聖書は、「弱いわたしたちを助けてくださいます。わたしたちはどう祈るべきかを知りませんが、〝霊〟自らが、言葉に表せないうめきをもって執り成してくださる」（ロマ8：26）と書いています。祈りたくても祈れない時、訴えたくても言葉に表せない時でも、その思いは神に届く。聖霊がその思いを察知して神に届けて下さる、と伝えているのです。

確かに、祈ることが出来るのは良いことです。けれども、祈れない時や、どう祈ったら良いか分からない時もあるでしょう。それでも、〝神様助けて〟という思いは神に届くのです。ハガルやイシュマエルの泣き声を聞かれた神、呻きを受け止めて下さる神。ですから、他の人から見た時に、祈りの形になっていなくても、神は分かって下さるということを忘れず、心のありのままを神に向けることを忘れないで下さい。神は、あなた方一人ひとりの叫びを誤りなく聞かれ、的確にお応え下さる神なのです。

4　主の熱意

日本ナザレン教団飯塚教会
2020年12月13日
イザヤ書　9章1〜6節

闇の中を歩む民は、大いなる光を見／死の陰の地に住む者の上に、光が輝いた。／あなたは深い喜びと／大きな楽しみをお与えになり／人々は御前に喜び祝った。／刈り入れの時を祝うように／戦利品を分け合って楽しむように。／彼らの負う軛、肩を打つ杖、虐げる者の鞭を／あなたはミディアンの日のように／折ってくださった。／地を踏み鳴らした兵士の靴／血にまみれた軍服はことごとく／火に投げ込まれ、焼き尽くされた。／ひとりのみどりごがわたしたちのために生まれた。／ひとりの男の子がわたしたちに与えられた。／権威が彼の肩にある。／その名は、「驚くべき指導者、力ある神、／永遠の父、平和の君」と唱えられる。／ダビデの王座とその王国に権威は増し／平和は絶えることがない。／王国は正義と恵みの業によって／今もそしてとこしえに、立てられ支えられる。／万軍の主の熱意がこれを成し遂げる。

預言者イザヤが聞いた言葉

待降節第三週に入りましたこの日も、イエス・キリストを覚えて語ってまいります。

本日の聖書箇所の一節には、「闇の中」に「光が輝いた」と書かれています。「闇」と言う時、聖書の中では、一筋の光も差し込まない、そして、一点の光も見当たらない状況を意味しています。その闇の中に光を照らす、と神は預言者イザヤを通して語られました。

もともと、この書が伝えるのは、弱小国のイスラエルと強大な国アッシリアが戦っている時、イスラエルに向かって語られた言葉なのです。イスラエルはどんな策を用いても、決してアッシリアに勝つことは出来ないと誰もが思い、絶望の中にいました。その時に神はイザヤを通して、「ひとりの男の子」が光を与えると告げたのです。それを神の言葉として聞いたイスラエルの民らは、アッシリアとの戦いに思ってもみない勝利を得た、ということが記述されています。

しかし、イスラエルの民だけではなく、私たちにもこの言葉は語られている、と申し上げなければなりません。私たちは、真の闇の中で生活することには耐えられないでしょう。この闇は、目で知覚する闇だけではなく、日常生活の中で感じる闇、例えば、人間関係・将来への展望・生きている意味等への光や道筋が見えないことも、闇という言葉で表すことが出来ます。そこに、「ひとりの男の子」によって光が差し込んで来た、とイザヤは告げています。その男の子を、キリスト教会は「救い主イエス」と信じ、伝え続けています。私たちの教会もその通りです。

預言者が聞いた言葉を語る

次に、「光」について語ってまいります。この光は働きにおいて様々な面を持っています。イザヤは五節で、「驚くべき指導者、力ある神、永遠の父、平和の君」と語っています。順序が変わりますが、「力ある神」の「力」という言葉は、もともとの訳では「全能」という意味を持った語が用いられています。この光、救い主にはあらゆることがお出来になる、ということです。しかし、不必要なことは何があっても行わないでいることが出来る強さでもあるのです。

「永遠の父」とは、いつからいつまでという区切りは無く、最初も終わりも無く在り続けるお方なのです。しかも「父」として、人が生きていく時に必要な言葉・生き方・道筋等を誤りなく指し示し、悪に対しては敢然と立ち向かうお方として存在しているという意味です。

「平和の君」と言う時、他者が、あるいは他の思想・信条が、「これこそが平和」という言葉をもって世に臨んだとしても、イザヤを通して語られた光がもたらす平和にはかなわない、と言わせるほどの絶対的な平和を光はもたらす、と告げています。このように告げられている光と出会うならば、闇のような状況にあると言っても良い私たちは、どれほど心安らかにいられるでしょうか。

そのうえ神は、この光が「驚くべき指導者」としての働きも持っていると語っています。この「指導者」という言葉は、聖書の中では「心の動きに関わる」意味を持ったものとして、二十ほどの訳になって、新共同訳聖書の中にも使われています。私の感じるところでは、今の時代にとても大切な意味を持つものだと思います。先ほど、「心の動きに関わる」ということを申し上げましたが、私たちの社会生活の中では、言葉で思いを伝えることが苦手であったり、声にならない声が他の人に届いていかなかったり、自分を分かって欲しいという願いがあっても理解されない、ということが多々あるのではないでしょうか。

それとともに、誰もが分かる言葉ではなく、簡略化された言葉で話したり、分かり合える者だけに通じる、暗号のような言葉での会話すらなされることが少なくありません。現代では、言葉で丁寧に作り上げられていく人間関係ということが少なくなっているように思わされます。

ある時、一人の少年が自死をしてしまいました。その後、周囲にいる大人たちは、「あの時、サインを出していた」と話していました。私は当事者ではないので、確かにサインが出されていたと断言することは出来ません。けれども、その少年は本当は言葉で訴えたかったのかも知れません。あるいは、サインをサインとして見抜き、気づいて欲しかったのではないかとも思います。しかし残念なことに、言葉で表現することが出来ず、周囲はサインを見逃していたのだろう、と後で気づくほか出来なかったのでしょう。

しかし、この「光」は「驚くべき指導者」として、それらのサインをも読み取って下さるのです。それが、イザヤが伝える光、即ち救い主イエスなのです。英語では、この「驚くべき指導者」を「ワンダフル・カウンセラー」と表現しています。本当にその通りなのです。

主の熱意

そのような光を、誰が必要としているのでしょうか。そして、どこにおいて必要なのでしょうか。イザヤは、「光は世を照らした」と言っています。「世」とは人間が営んでいるこの社会であります。その中に生きているのが私たちです。

「光」と語られた救い主を必要とするのはこの世であることを、神が御存じであり、その光をこの世に送ることを決意なさった、と言うことが出来ます。

六節ではこう語りました。「万軍の主の熱意がこれを成し遂げる」と。「熱意」とイザヤは伝えました。しかも、「成し遂げる」と書いています。ここには万軍の主の、思いの底から吹き上がるようなこの世に対する愛と、そのことを実現なさった見誤ることのない知恵が、イエスの誕生によって、この世に示されたのです。これは、全く神の側の熱意としか言いようがありません。「主の熱意」がこれを成し遂げたのです。

主は、この世の現実を見極めつくしておられ、「力ある神、永遠の父、平和の君、驚くべき指導者」を遣わされたのです。「光」が必要なことを人は知らずとも神は御存じで、まさにそのことを行ったと言わなければなりません。

熱意を受け継ぐ教会

ここで、皆さんにお伺いしたいと思います。今まで申し上げたこと、即ち生ける救い主に今日どのようにして、あるいはどこにおいて私たちは出会い、受け入れることが出来るのでしょうか。その答えは、「教会こそがそれです」と言わなければなりません。教会はこの世に置かれています。この世の事柄が主の御心に適うように、と祈る務めを託されています。

また教会は、主がどのようなお方かを証しし、伝える役割を与えられています。光へと導くことがあってこそ教会であり得る、と申し上げなければなりません。そして、その根源は聖霊（神の働き）によるということです。「主の熱意」という言葉を重く受け止め、一人ひとりの生活の形や関わりを通して、その働きを担っていこうではありませんか。皆さんの上に、また、皆さんのまわりの方々の上に、クリスマスの喜びが届けられることを祈ります。

5　慰めの訪れ

日本ナザレン教団月見ヶ丘教会
2014年11月23日
イザヤ書　40章1〜11節

慰めよ、わたしの民を慰めよと／あなたたちの神は言われる。／エルサレムの心に語りかけ／彼女に呼びかけよ／苦役の時は今や満ち、彼女の咎は償われた、と。／罪のすべてに倍する報いを／主の御手から受けた、と。／呼びかける声がある。／主のために、荒れ野に道を備え／わたしたちの神のために、荒れ地に広い道を通せ。／谷はすべて身を起こし、山と丘は身を低くせよ。／険しい道は平らに、狭い道は広い谷となれ。／主の栄光がこうして現れるのを／肉なる者は共に見る。／主の口がこう宣言される。／呼びかけよ、と声は言う。／わたしは言う、何と呼びかけたらよいのか、と。／肉なる者は皆、草に等しい。／永らえても、すべては野の花のようなもの。／草は枯れ、花はしぼむ。／主の風が吹きつけたのだ。／この民は草に等しい。／草は枯れ、花はしぼむが／わたしたちの神の言葉はとこしえに立つ。／高い山に登れ／良い知らせをシオンに伝える者よ。／力を振るって声をあげよ／良い知らせをエルサレムに伝える者よ。／声をあげよ、恐れるな／ユダの町々に告げよ。／見よ、あなたたちの神／見よ、主なる神。／彼は力を帯びて来られ／御腕をもって統治される。／見よ、主のかち得られたものは御もとに従い／主の働きの実りは御前を進む。／主は羊飼いとして群れを養い、御腕をもって集め／小羊をふところに抱き、その母を導いて行かれる。

「神の民」であることを忘れた人たち

本日は、イザヤ書四〇章から「慰めの訪れ」という題で語らせていただきます。これは、カトリック教会が訳した聖書の中に書かれている言葉で、この言葉は良いなぁと感じて、本日の題とさせていただきました。

四〇章から五五章までは、実は名もない預言者（「第二イザヤ」と呼ばれています）が語った言葉が書かれていると言われています。ここで預言者が語ったのは、「私たちは神の民」と告白した人たちに対してです。しかし、その民が神を礼拝することを止めてしまいました。そのような民に対し、神はバビロンに捕らわれの民となるという罰を与えました。半世紀近くの間、その地で彼らは悲しみを味わい、神から離れたことへの後悔の日々を過ごしていました。捕らわれの民となって意気消沈し、バビロンの川のほとりで茫然と立ち尽くすしかない日々を送っている民の姿が、詩編一三七篇にも描かれていますが、神を賛美する気力も湧かなかったようです。

「慰め」を受ける人たち

しかし、神はその民に対し、時が満ちて赦しを与えたのです。どのような赦しでしょうか。それが、本日の題となった「慰め」を与えるという形においてでした。一節には、「慰めよ、わたしの民を慰めよ」と書かれています。ここで言う「慰め」とは、原語では「立ち上がらせよ」という、とても強い励ましの思いが込められた言葉です。そして、「激しい息づかいを感じ取る」という意味も持っている言葉です。その「慰め」を、この民に向かって語れ、と神は預言者に命じたのです。

その「慰め」を三つの面から見てまいります。まず、神の側から声をかけたということであります。一節の後半に、「あなたたちの神は言われる」とあります。神が怒る時、その神は語らない、沈黙すると人々は受け止めていたようです。詩編八三篇二節には、神が沈黙しておられることに言い知れぬ恐怖と不安を感じている姿がよく表されています。旧約の時代だけではなく、今日においても同じように感じることがあります。「神よ、なぜ沈黙しておられるのですか」と問いかけた人は少なくないのです。しかし神は、時を選んで、「伝える者」を通して「慰めよ」という言葉をもって私たちに語りかけます。神の赦しの姿の一つが、ここにあります（1～2節）。

二つ目は、「私が与える役割を担いなさい」ということです。神に背いた者に対し、神が役割を与えるのですが、人々を信頼して役割を担わせています。内容は「荒れ野、荒れ地、谷、山と丘、険しい道、狭い道」等に表されるように、歩みづらい状況の中に置かれても、御言葉に支えられるなら神の役割を担う者とされると語るのです。神の言葉から離れた人々は、神の言葉を聞いても簡単には神に戻ることは出来ませんでした。それでも神は、預言者を通して「立ち上がり」、「歩み出す」という役割と力を与えると伝えたのです（3～5節）。

三つ目は、神を賛美することを命じたことです。その賛美は、神が赦しを与えて下さったこと、そしてこれから歩むための希望と喜びを与えて下さったことへの感謝の賛美です。かつては背いていたのに、今、神によって生かされているという喜びを語るように神が望んでおられるのです。預言者は九～一〇節において、そのように民を慰め、励ますのです。

変わらない神の「慰め」

以上のことを踏まえて、一一節を読みます。「主は羊飼いとして群れを養い、御腕をもって集め／小羊をふところに抱き、その母を導いて行かれる。」この言葉は、ルカによる福音書一五章一～七節の百匹の内のいなくなってしまった一匹の羊の譬《たと》え話を思い起こします。いなくなった羊を、羊飼い自らが捜し回って見つけるというものです。「そして、見つけたら、喜んでその羊を担いで、家に帰り、友達や近所の人々を呼び集めて、『見失った羊を見つけたので、一緒に喜んでください』と言うであろう」（5～6節）と続きます。ルカは、羊を「担いで」と書き、イザヤ書は「ふところに抱き」と書いています。神というお方が赦しを与え、愛そうとする時、その人を包み込むような形で受け入れて下さるのです。さらに、私たちの息づかい、それが激しくても、か細くても、それらを感じ取って、受け入れて下さっているというメッセージなのです。

かつて預言者が語った「慰め」は、ルカ福音書も伝えているように、イエスの時代以降も全く同じです。私たちはそのことを実感するのは難しいかも知れませんが、神は御言葉を通して、私たちを包み込んで下さっています。預言者を通して、悲しみから民を立ち上がらせた神の言葉―その言葉を私たちにも与えて下さっているのです。

言葉に主の霊が働く時

さらに、神は預言者に対し、「主の言葉をもって慰めよ」と語ると共に、「私たちの神の言葉はとこしえに立つ」（8節）と語っておられます。その「言葉」に主の霊が働く時、人々の心に神に対する確かな信仰を芽生えさせ、根付かせる働きをします。ただし、ここで用いられたのは、神の御心をかたちで表す「言葉（ロゴス）」ではなく、語り言葉や読み書きする日常的な「言葉」に主の霊が働いて一人ひとりを立ち上がらせる働きをする、という具体的な意味の言葉なのです。これを預言者を通して聞いた民らは、どれほどの喜びと感謝に溢れたことでしょうか。やがて、その民にエルサレム（都）へ帰る道が開かれます。そしてその途上、彼らは神への賛美と感謝の詩を歌っています。それらの歌が「都に上る歌」として、詩編一二〇～一三四篇に取り上げられています。主の言葉による慰めが、いかに喜ばしく確かなものであるかを身をもって味わっている民だからこそ、全き喜びの内に神を賛美して歌っているのです。

恵み豊かな主の言葉が今も働く

私たちは捕らわれの民ではありませんが、主の言葉に出会う時、捕らわれから解放された民が味わった喜びと同じ喜びを味わうことが出来るのです。御言葉を通して、私たちの心の内にある重苦しさに解放をもたらすからです。それをもたらす具体的なものは、今日においては聖書であり、礼拝なのです。神の言葉を与えられることが、何よりの「慰めの訪れ」であり、神を礼拝する者たちの喜びの根源なのです。「慰めの言葉」を与え続けて下さる神に感謝いたします。神の言葉に勝《まさ》るものは他にはないという恵みを、感謝と共に分かち合っていけるようにと祈ります。

6　布にくるまっている乳飲み子

日本ナザレン教団飯塚教会
２０２０年12月20日クリスマス礼拝
ルカによる福音書　２章８～20節

その地方で羊飼いたちが野宿をしながら、夜通し羊の群れの番をしていた。すると、主の天使が近づき、主の栄光が周りを照らしたので、彼らは非常に恐れた。天使は言った。「恐れるな。わたしは、民全体に与えられる大きな喜びを告げる。今日ダビデの町で、あなたがたのために救い主がお生まれになった。この方こそ主メシアである。あなたがたは、布にくるまって飼い葉桶の中に寝ている乳飲み子を見つけるであろう。これがあなたがたへのしるしである。」すると、突然、この天使に天の大軍が加わり、神を賛美して言った。／「いと高きところには栄光、神にあれ、／地には平和、御心に適う人にあれ。」／天使たちが離れて天に去ったとき、羊飼いたちは、「さあ、ベツレヘムへ行こう。主が知らせてくださったその出来事を見ようではないか」と話し合った。そして急いで行って、マリアとヨセフ、また飼い葉桶に寝かせてある乳飲み子を探し当てた。その光景を見て、羊飼いたちは、この幼子について天使が話してくれたことを人々に知らせた。聞いた者は皆、羊飼いたちの話を不思議に思った。しかし、マリアはこれらの出来事をすべて心に納めて、思い巡らしていた。羊飼いたちは、見聞きしたことがすべて天使の話したとおりだったので、神をあがめ、賛美しながら帰って行った。

クリスマスの由来

クリスマスの主日を迎えました。皆さんにとって喜びの時であり、意義深いクリスマスとなるようにと祈ります。

さて、教会の歴史は一二月二五日をクリスマスとしています。なぜ、一二月二五日がクリスマスに相応《ふさわ》しいのでしょうか。北半球においては一二月二二日頃が冬至であり、一年中で最も日が短く、闇が長い日です。その三日後の二五日に、闇を打ち破る「まことの光」として救い主がお生まれになった、と教会では受け止めています。三日後というのは、イエスが十字架において死なれて、三日目に甦《よみがえ》られたことを根拠としているからです。ですから、教会が語るクリスマスは、ただ単にお生まれになったことだけを伝えるのではなく、イエスの死と復活を根底に置いた出来事として伝えているのです。

マリアが受けとめたしるし―羊飼いを通して聞いたこと

本日読まれたルカによる福音書二章は、救い主誕生に関する二つのしるしについて伝えています。それは、「飼い葉桶に寝かせてある」ことと「布にくるまって」いることです。この二つが、羊飼いたちに対する救い主誕生の知らせとしるしだというのです。しかし、羊飼いの報告を聞いたイエスの母マリアは、別の意味でこの二つのしるしを受け止めたようです。「マリアは思い巡らしていた」と書かれているからです。そのことに私たちも思いを巡らしてまいります。

第一のしるし—飼い葉桶

母マリアが思い巡らしていたことの一つに、「飼い葉桶に寝かせてある」という点があります。これは、よく貧しさの象徴として語られます。けれども、私は貧しさの象徴としての飼い葉桶ではなく、むしろ家畜の餌を入れる食器であることに重点を置いて考えたいと思います。イエスは、まさしく食べ物が入れられる食器としての飼い葉桶に寝かされていたのです。

イエスのお生まれになった所、そして家畜小屋がある所、それはベツレヘムという名の町でした。ベツレヘムとは「パン屋さん」という意味です。その町の家畜小屋にある食器に、餌ではなくイエスが寝かされたというのです。ちなみに、ヨハネによる福音書において、「わたしが命のパンである」（6・35）とイエス御自身が語りました。ルカはこのことによって、イエスの生涯においての、神から与えられている使命を伝えようとしたのではないでしょうか。その使命とは、「命のパンである」ということです。

また、前述のようにヨハネ六章において「わたしが命のパンである」と語るとともに、「このパンを食べる者は永遠に生きる」（58節）ともイエスは語られました。これを一言で言えば、「イエスを食べる」ということは「十字架のイエスを糧として生きる」という意味です。十字架上で殺されることの象徴として、食器である「飼い葉桶」に寝かされているという深い意味を皆さんと共有したいのです。主の使いが、そして羊飼いがマリアに伝えたのは「イエスの死の意味」なのです。だからこそマリアは、羊飼いの語った言葉を「思い巡ら」（ルカ2・19）さずにはおられなかったのではないでしょうか。イエスが飼い葉桶に寝かされたのは貧しさの象徴でもあったかも知れませんが、むしろイエスの死に方、死の意味の象徴であったことをルカは最初に伝えようとしたのです。

第二のしるし—布（亜麻布）

母マリアが思い巡らしたもう一つの点は、羊飼いが聞いた「布にくるまって」（ルカ2・12）いるという天使からの言葉です。生まれたばかりの赤ちゃんを布にくるんで寝かせることは当然で、マリアもそれをしたに過ぎません。しかし羊飼いが、「布にくるまって」ということを、「しるし」の一つとして伝えたことによって、マリアは思い巡らさざるを得なかったと思われます。その根拠は、十字架で死なれたイエスの「遺体を十字架から降ろして亜麻布で包み、まだだれも葬られたことのない、岩に掘った墓の中に納めた」（ルカ23・53）と書かれ、また、「しかし、ペトロは立ち上がって墓へ走り、身をかがめて中をのぞくと、亜麻布しかなかったので、この出来事に驚きながら家に帰った」（ルカ24・12）と書かれていることです。イエスが葬られる時には、その遺体は亜麻布で包まれたのですが、復活の時には、その布が置かれていた（ヨハ20・5）とあります。

布にくるまれた、また、布に包まれたということで、イエスは人の世で生まれ、死なれたと伝えています。

そのお方が復活なさったことによって、人間社会から全くの神の支配の中に移されたしるしとして、遺体を包んでいた亜麻布が置かれていたと書かれているのです。それはイエスの復活だけでなく、新しい使命に生きることを意味しています。

福音のメッセージ

パウロはコリントの信徒への手紙Ｉに、「最も大切なこととしてわたしがあなたがたに伝えたのは、わたしも受けたものです。すなわち、キリストが、聖書に書いてあるとおりわたしたちの罪のために死んだこと、葬られたこと、また、聖書に書いてあるとおり三日目に復活したこと」（15・3～4）と書いています。「わたしたちの罪のために死んだこと」を、ルカは「飼い葉桶に寝かせてある」と表現しました。「葬られたこと」を「布で包み墓に納めた」という言葉で語ります。そして、ヨハネは「復活したこと」を「布が置かれていた」という言葉で伝えています。

クリスマスは喜び祝うものであることに違いありませんが、実はあまりにも厳粛な出来事であるのです。ルカの伝える『誕生物語』は、「十字架の死」と「復活」とが見事に重ねられていることを知ります。

クリスマスの喜びの広がり

クリスマスを喜ぶことや祝うことの出来ない状況に置かれている人たちがおられることを、私たちは知っています。しかし、そのような方たちにも、十字架と復活のメッセージは届けられていると信じています。

そのために、クリスマスのメッセージを正しく語るべき働きを教会は託されているのです。私たちの教会も、クリスマスのメッセージを正しく語りたいと願っています。そして、クリスマスの喜びをかみしめながら歩んでまいりたいと願います。祝福が世界中の全ての人にあるように祈ります。

7　十字架を仰ぐ者

日本ナザレン教団藤沢教会
２０１５年４月３日受苦日礼拝式
ローマの信徒への手紙　８章31～39節

　では、これらのことについて何と言ったらよいだろうか。もし神がわたしたちの味方であるならば、だれがわたしたちに敵対できますか。わたしたちすべてのために、その御子をさえ惜しまず死に渡された方は、御子と一緒にすべてのものをわたしたちに賜らないはずがありましょうか。だれが神に選ばれた者たちを訴えるでしょう。人を義としてくださるのは神なのです。だれがわたしたちを罪に定めることができましょう。死んだ方、否、むしろ、復活させられた方であるキリスト・イエスが、神の右に座っていて、わたしたちのために執り成してくださるのです。だれが、キリストの愛からわたしたちを引き離すことができましょう。艱難か。苦しみか。迫害か。飢えか。裸か。危険か。剣か。／「わたしたちは、あなたのために／一日中死にさらされ、／屠られる羊のように見られている」／と書いてあるとおりです。しかし、これらすべてのことにおいて、わたしたちは、わたしたちを愛してくださる方によって輝かしい勝利を収めています。

わたしは確信しています。死も、命も、天使も、支配するものも、現在のものも、未来のものも、力あるものも、高い所にいるものも、低い所にいるものも、他のどんな被造物も、わたしたちの主キリスト・イエスによって示された神の愛から、わたしたちを引き離すことはできないのです。

十字架に架かられたイエス

二〇一五年の受苦日を迎えました。イエスの十字架の死を思い、新しく生きることが出来るようにと願っております。本日は主にローマの信徒への手紙八章から、パウロは自分の見た十字架をこのように証をしたかったのではないかと考えて、語らせていただきます。御存じのように、パウロ自身は十字架の出来事を目撃したわけではありません。聖霊による導きにより、イエスの十字架についての確信を得た人です。

パウロが福音宣教者として活動していたのは、ローマ帝国によるキリスト教迫害の真っ只中でした。彼は、かつては迫害の中心人物として活動していましたが、イエスの十字架を受け入れたのです。パウロは、「だれが、キリストの愛からわたしたちを引き離すことができましょう。艱難《かんなん》か。苦しみか。迫害か。…」と語っています。どんなことが身に降りかかっても、キリストの愛から私たちを引き離すものはない、と力強く宣言しているのです。

パウロが見た二つの十字架

かつて迫害者であったパウロが、そのように語る者へと変わったのは、何があったからでしょうか。ガラテヤの信徒への手紙で、「わたしたちの主イエス・キリストの十字架のほかに、誇るものが決してあってはなりません」（6・14）と力強く語っています。イエスの十字架の愛を知った時、そう言わずにはおれなかったのです。十字架とはローマ帝国の死刑の方法の一つで、神も赦し難いと思えるほどの罪を犯した者が受けるものでした。

パウロの心の中には、二つの十字架が見えたのではないでしょうか。一つはイエスの十字架であり、もう一つは彼自身の十字架です。このお方は、地上にお生まれになった時から「十字架の死に至るまで従順でした。」（フィリ2・8）イエスは十字架に架けられる前夜、「この杯をわたしから過ぎ去らせてください」（マタ26・39）と悶え苦しんで祈っています。

それよりも前、「最後の晩餐」と私たちが呼んでいる弟子たちとの食事の時、イエスがパンを裂いた場面があります。例えば、その時の手の動きはどうだったでしょうか。殺されて死ぬ、ということが近づいていると知っておられるのに、「これはわたしの体である」（マタ26・26）と言いながら弟子たちのためのパンを裂きます。そこには重苦しさが漂い、その手も小刻みに震えていたに違いありません。杯の時も同じです。柳宗悦という茶道家が、「手は心のあらわれ」と言っていますが、それほどにイエスは、死、しかも殺されて死ぬことに苦しみを感じておられたのではないでしょうか。

しかし、最後には「御心のままに」（マタ26・39）と祈り、御自身の願いを前面に押し出そうとは決してなさらなかったことをパウロは知っていたでしょう。

彼は、自分こそが十字架に架かる必要があるのではないか、と強く思わされたのではないでしょうか。そして、そんなイエスを思い描きながら自らを振り返り、ローマ書七章でこう評価しています。「自分が望むことは実行せず、かえって憎んでいることをする」（15節）、「わたしは自分の望む善は行わず、望まない悪を行っている」（19節）、「わたしはなんと惨めな人間なのでしょう」（24節）と。「あの十字架につくのは私ではなかったのか」と、激しく迫られています。

そして十字架の出来事の中にこそ、神の愛があることをパウロは知ったのです。惨めで罪深い私を選び、神の独り子イエスを見捨てるという父なる神の愛に強く迫られたのです。

十字架を通して神の愛を見たパウロ

パウロに「わたしたちの主イエス・キリストの十字架のほかに、誇るものが決してあってはなりません」（ガラ6・14）と言わせ、「そればかりか、わたしの主キリスト・イエスを知ることのあまりのすばらしさに、今では他の一切を損失とみています。キリストのゆえに、わたしはすべてを失いましたが、それらを塵あくたと見なしています」（フィリ3・8）とまで言わせたのです。イエスの十字架の出来事をただただ感謝と共に、そして賛美と共に受け入れたのです。教会は、この十字架の出来事を最も大切なメッセージとして伝えてまいりました。これに勝るメッセージはありません。

間違いなく神は私たちを選んで下さっているのです。イザヤ書が語る、「見るべき面影はなく／輝かしい風格も、好ましい容姿もない」（53・2）という言葉が表している姿は、本来はパウロであり、私です。神から顔を背けられるべきは私であります。にもかかわらず、神は私を選んで下さったのです。ここに「神の愛」という言葉を用いる以外に、ふさわしい言葉があるでしょうか。その「神の愛」は不変のものとして、また何があっても揺らぐことのない信仰の土台として、人間に降り注がれているのです。

　キリスト教迫害という状況の中で、しかも容赦なくキリスト者の命を奪っている状況の中で、パウロが宣言した「だれが、キリストの愛からわたしたちを引き離すことができましょう」という言葉を重く受け止め、私たちも主にある世界中の教会と手を携えて、心からアーメンと唱和しながら歩んで行こうではありませんか。キリストの十字架を抜きにして、教会の信仰の土台はないのですから。

恵の神

8　神の業の不思議さ

日本ナザレン教団飯塚教会
２０２０年８月２日
列王記下　５章１～14節

アラムの王の軍司令官ナアマンは、主君に重んじられ、気に入られていた。主がかつて彼を用いてアラムに勝利を与えられたからである。この人は勇士であったが、重い皮膚病を患っていた。アラム人がかつて部隊を編成して出動したとき、彼らはイスラエルの地から一人の少女を捕虜として連れて来て、ナアマンの妻の召し使いにしていた。少女は女主人に言った。「御主人様がサマリアの預言者のところにおいでになれば、その重い皮膚病をいやしてもらえるでしょうに。」ナアマンが主君のもとに行き、「イスラエルの地から来た娘がこのようなことを言っています」と伝えると、アラムの王は言った。「行くがよい。わたしもイスラエルの王に手紙を送ろう。」こうしてナアマンは銀十キカル、金六千シェケル、着替えの服十着を携えて出かけた。彼はイスラエルの王に手紙を持って行った。そこには、こうしたためられていた。「今、この手紙をお届けするとともに、家臣ナアマンを送り、あなたに託します。彼の重い皮膚病をいやしてくださいますように。」イスラエルの王はこの手紙を読むと、衣を裂いて言った。「わたしが人を殺したり生かしたりする神だとでも言うのか。この人は皮膚病の男を送りつけていやせと言う。よく考えてみよ。彼はわたしに言いがかりをつけようとしているのだ。」神の人エリシャはイスラエルの王が衣を裂いたことを聞き、王のもとに人を遣わして言った。「なぜあなたは衣を裂いたりしたのですか。その男をわたしのところによこしてください。彼はイスラエルに預言者がいることを知るでしょう。」ナアマンは数頭の馬と共に戦車に乗ってエリシャの家に来て、その入り口に立った。エリシャは使いの者をやってこう言わせた。「ヨルダン川に行って七度身を洗いなさい。そうすれば、あなたの体は元に戻り、清くなります。」ナアマンは怒ってそこを去り、こう言った。「彼が自ら出て来て、わたしの前に立ち、彼の神、主の名を呼び、患部の上で手を動かし、皮膚病をいやしてくれるものと思っていた。イスラエルのどの流れの水よりもダマスコの川アバナやパルパルの方が良いではないか。これらの川で洗って清くなれないというのか。」彼は身を翻して、憤慨しながら去って行った。しかし、彼の家来たちが近づいて来ていさめた。「わが父よ、あの預言者が大変なことをあなたに命じたとしても、あなたはそのとおりなさったにちがいありません。あの預言者は、『身を洗え、そうすれば清くなる』と言っただけではありませんか。」ナアマンは神の人の言葉どおりに下って行って、ヨルダンに七度身を浸した。彼の体は元に戻り、小さい子供の体のようになり、清くなった。

神の業の不思議さ

今朝は、「神の業の不思議さ」という題を与えられています。最初に皆さんに、「神の業」は不思議なことなのかどうかをお尋ねします。

本日の聖書の箇所列王記下五章一～一四節に、アラムの王の軍司令官であり、重い皮膚病を患っているナアマンが、イスラエルの預言者エリシャを通して誰もが驚くような方法で癒されたという出来事が書かれています。その方法とは、ヨルダン川で七度身を浸すという行為でした。

他にも、聖書の中で現される神の業の多くが人々を驚かせます。例えば、出エジプト記一四章にはユダヤの民が紅海を渡ったことや、福音書にある、イエスが生まれつき目の見えなかった人を見えるようにしたという記事などです。人間の思いや考えに立てば、皆「不思議なこと」と言う他ないでしょう。

私たちにとっては「不思議なこと」でも、神御自身にとっては少しも不思議ではありません。神というお方は、御自身にとって必要な事柄を、必要な時に、必要な形で行われるからです。

預言者エリシャとの出会い

ここからは、ナアマンとエリシャのやり取りに焦点を合わせていきます。彼はアラムの高官であり、重い皮膚病を患っていました。それは当時、神に見捨てられた者がかかると信じられていたのです。当然、この病気から解放されたいと願っていました。そこで、癒しを求めてイスラエルの預言者を訪ねますが、エリシャはこのナアマンに会おうともしませんでした。「いやしくも私はアラムの高官なのに、その私に会おうともしないとは」と怒っていますが、素直さも持ち合わせていたようです。なぜなら、イスラエルの一少女が女主人に「御主人様の病気はイスラエルの預言者に見てもらえば癒される」と伝えた時、その言葉をそのまま受け入れたと思われるからです。また、預言者の家に行った時、会えずに怒ったのですが、部下に「預言者は難しいことを言ったのではなく、ヨルダン川に七度身を浸せばよいと言っただけだ」と諫《いさ》められ、その言葉に素直に従ったからです。ナアマンの預言者に対する率直な反応と、一少女や部下たちの言葉を受け入れる素直さに、好感を抱かされます。

私たちの期待と、神が実際になさる業との違い

ナアマンの話から三つのことを学ぶことが出来ます。

一つ目は、イスラエルの少女や彼の部下たちのように、預言者でない人たちを通して語られた言葉が、神の業に用いられていくことがあるということです。何気ない会話の中にも、神の御意志が含まれていることを知らされます。

二つ目は、神の業は特定の所でのみ起こるのではないということです。エリシャがナアマンに「行きなさい」と命じた川は、エリシャが居住している所から一番近い、そして唯一の川でした。後にこのヨルダン川でイエスが洗礼を受けるので、特定の場所と思われやすいのですが、そうではないのです。ヨルダン川は重

い皮膚病が癒される特定の場所などではなく、神の業は人々の生活の場で起こるものなのです。

三つ目は、神は「奇跡」を行われるお方であるということです。このことがいちばん重要です。ここでいう「奇跡」とは、今語っておりますナアマンの癒しのように、誰が見ても「奇跡」と呼べるような出来事もそうですが、他にも「奇跡」と言わざるを得ないことが起こるのです。私たちの日常の中で、何気なく、あるいは当たり前に起こっていることが、後になって振り返った時、「ああ、あの時のことが」と気づくことがあると思います。「あの時の、あのことがあったから、今の私がある」と、神の不思議な導きの御手を感じることは無いでしょうか。私はそれも、奇しき跡―「奇跡」と呼んでいます。

「これで良かった」と言わせる神の業

これら三つのことを思う時、パウロがローマの教会に宛てた手紙の中の、「神を愛する者たち、つまり、御計画に従って召された者たちには、万事が益となるように共に働くということを、わたしたちは知っています」（8・28）をいつも思い起こします。この言葉の後半の部分を、私なりに「これで良かったと言わせて下さる」と受け止めています。何の変哲も無いような生活の中でも、「これで良かったと言わせて下さる」ことを行われる神―そのような神がいて下さるのです。

繰り返しますが、確かに、神のなさることはナアマンに起こった癒しのように、誰もが神の業であると認めるものもあります。しかし、私にしか分からない神の業―それは先ほど申し上げた「これで良かったと言わせて下さる」業もあるのです。どちらも、いや、すべてのことが神の業なのです。神が必要と思われることを、必要と思われた時に、必要とされる形で行われるのです。それを私たちは「神の業の不思議さ」と呼ぶのです。

神は一人ひとりに、「これで良かったと言わせて下さる」お方です。「私」を大切にして下さる神を賛美しながら、歩んで行きたいと願います。

9　ヨブの喜び

日本ナザレン教団飯塚教会
２０２０年９月27日
ヨブ記　42章１～６節

ヨブは主に答えて言った。／あなたは全能であり／御旨の成就を妨げることはできないと悟りました。／「これは何者か。知識もないのに／神の経綸を隠そうとするとは。」／そのとおりです。／わたしには理解できず、わたしの知識を超えた／驚くべき御業をあげつらっておりました。／「聞け、わたしが話す。／お前に尋ねる、わたしに答えてみよ。」／あなたのことを、耳にしてはおりました。／しかし今、この目であなたを仰ぎ見ます。／それゆえ、わたしは塵と灰の上に伏し／自分を退け、悔い改めます。

信仰者ヨブの体験

本日は、ヨブ記全体から聞いてまいります。ヨブの信仰者としての姿が書かれている書ですが、彼の神に対する信仰の在り方は、どうにかして神から引き離したいと願っているサタンも妬《ねた》むほどのものでした。それでも、サタンは彼の信仰が本物かどうかを試したくて、「ヨブの信仰を試しても構わないか」と神に問い、それを許されました。そこでサタンは、神の祝福として与えられたと考えられている財産のすべて、また妻を除く家族すべての人の命を奪い取りました。それだけではなく、彼自身も奇妙な皮膚病を患ってしまいます。彼は確かに苦難に出会い、深い嘆きを味わいました。それまで祝福を体験していたヨブも、苦しみに出会った時、「あなたは神でしょう、それなのにこのような苦しみを与えるのはなぜですか?」と思ったことでしょう。

友人たちの訪問

そのようなヨブの状況を知った友人たちが、彼を訪ねました。彼らは、サタンが神の許しを得てヨブを苦しめたことを知らない中で、彼を慰めます。しかし、ヨブはその慰めを受け止めるよりも、「自分は信仰者としての歩みをしてきたけれど、その歩みは間違っていないと思う。なのに、神は私に苦難を与える」と、友人たちに訴えます。ヨブ記の中心的な課題は「神の義とは何か」ということだと言われます。言い方を変えますと、「義なる神とはどのようなお方なのか、どこに現われているのか」ということです。

信仰的主張

ヨブは、神が義《ただ》しいお方であって、私の信仰の在り方を見ていて下さるはずなのに、私がこんなに苦しんでいることをどう思っておられるのかと、友人たちに強く訴えます。それに答えて、友人たちは最初はヨブを慰めていましたが、「あなたは何を言っているのだ、神は義しいお方だ。あなたが苦難に会っているのは、あなたの信仰の在り方に問題があるからだ」と告げ、彼との間に論争が始まります。それらすべてを読んでいきたいのですが、長くなりますので、その中の一六章一七〜一九節の、友人へのヨブの主張を読ませていただきます。

わたしの手には不法もなく
わたしの祈りは清かったのに。
大地よ、わたしの血を覆うな
わたしの叫びを閉じ込めるな。
このような時にも、見よ
　天にはわたしのために証人があり
高い天には
　わたしを弁護してくださる方がある。

ヨブにとって「正しいのは自分」であり、それを理解して下さる方がいるという思いが良く表されている文です。それだけでなく、神は私の神でいて下さるのだから、願いを告げ、文句を言い、疑問をぶつけることを許して下さるはずではないか、と主張します。神に対するヨブの全き信頼の姿が、この言葉に表されていると言うことが出来ます。このような信仰姿勢を皆さんはどのように思い、評価されるでしょうか。ヨブには神への遠慮がないと言ってよいでしょう。

それに対し、私たちの信仰姿勢には、「これ以上神に言ってはいけないのでは」とか、本当は神によって願いを実現していただきたいと求めながらも、「御心のままに」という自己規制の傾向があるように私は感じています。したがってヨブのように、すべてを出し尽くして神と向き合うという姿勢に、強く考えさせられるところがあります。私なりの表現をさせていただきますと、「わたし」をお持ちの神が、「わたし」を持っている自分と真摯に向き合って下さるとヨブは受け止めているのです。そのことを友人たちに対して主張しているだけではなく、神に対しても主張しているのです。

友人たちは、ヨブが語るこれらの言葉に彼の傲慢さを感じ、「だからあなたは苦難に出会うのだ」と忠告をしつつも、結局説得することを放棄します。

ヨブに迫る神

それに対し、三八章〜三九章において、神がヨブに直接語りかけ、その語りかけを通して神御自身が「神の義しさ」をはっきりと知らせておられます。「あなたは何者か」と問うことから始まって、更に色々なことを問いかけます。その中から三八章一六〜一八節を読んでまいります。

お前は海の湧き出るところまで行き着き
深淵の底を行き巡ったことがあるか。

死の門がお前に姿を見せ
死の闇の門を見たことがあるか。
お前はまた、大地の広がりを
　隅々まで調べたことがあるか。
そのすべてを知っているなら言ってみよ。

他の箇所も含めて、それらの言葉の一つひとつにヨブは黙らされていきます。

そして四〇章三～五節では、ヨブが神の前にいかに自分は小さき者、神のなさることを認識していない者であるかを思い知らされ、悔いているのです。しかし、その時彼は「このお方には到底適わない」という思いと共に、新しく「このお方だからこそ神として崇めよう」という思いにもさせられていくのです。そのヨブに対し、神は彼の神であることを丁寧に語っていき、彼はただただ感謝に満ち溢れます。本日最初にお読みした聖書の言葉の通りです。

聖書の伝える神こそが「神」

ヨブは神が生きておられること、神があまりにも壮大なお方であるにもかかわらず、人間の感覚では知り得ない事象に対してまでも、万全の力を注いで寸分の狂いもなく創造し、用い、導かれるお方であることを、心の底からの喜びと共に諭《さと》されていくのです。その神の思いは、ほんの小さな存在にすぎない人間にこそ注がれています。そして、それは人間にはどのようにしても超えることの出来ない神の在り方であります。

私は、聖書の中にヨブ記があることに喜びを感じます。苦しみを忍耐によって乗り越えたヨブの方ではなく、彼の、そして私たちの「生きる」ことの全てに、「義しさを以って関わって下さる神」を知らされるからです。結末である四二章の六節には、

それゆえ、わたしは塵《ちり》と灰の上に伏し
自分を退け、悔い改めます。

と書かれています。「主なる神は、土（アダマ）の塵で人（アダム）を形づくり、その鼻に命の息を吹き入れられた」（創世2・7）とありますように、塵は人生の始まりを伝え、灰は人生の終息を意味するでしょう。

ヨブ記は「聖書に証しされる神が真の神である」ということを告げ知らせ、人生の最初から最後まで「私は神を礼拝する者」であると言うヨブを伝えます。この書を通して「神の義しさ」に出会う時、私たちの生き方も喜びのあるものとして与えられていることを実感出来ます。ヨブ記を通して、「私」の最善の生き方に出会えるように祈ります。

10　主の恵みの豊かさ

日本ナザレン教団飯塚教会
２０２０年８月23日
マタイによる福音書　20章１～16節

「天の国は次のようにたとえられる。ある家の主人が、ぶどう園で働く労働者を雇うために、夜明けに出かけて行った。主人は、一日につき一デナリオンの約束で、労働者をぶどう園に送った。また、九時ごろ行ってみると、何もしないで広場に立っている人々がいたので、『あなたたちもぶどう園に行きなさい。ふさわしい賃金を払ってやろう』と言った。それで、その人たちは出かけて行った。主人は、十二時ごろと三時ごろにまた出て行き、同じようにした。五時ごろにも行ってみると、ほかの人々が立っていたので、『なぜ、何もしないで一日中ここに立っているのか』と尋ねると、彼らは、『だれも雇ってくれないのです』と言った。主人は彼らに、『あなたたちもぶどう園に行きなさい』と言った。夕方になって、ぶどう園の主人は監督に、『労働者たちを呼んで、最後に来た者から始めて、最初に来た者まで順に賃金を払ってやりなさい』と言った。そこで、五時ごろに雇われた人たちが来て、一デナリオンずつ受け取った。最初に雇われた人たちが来て、もっと多くもらえるだろうと思っていた。しかし、彼らも一デナリオンずつであった。それで、受け取ると、主人に不平を言った。『最後に来たこの連中は、一時間しか働きませんでした。まる一日、暑い中を辛抱して働いたわたしたちと、この連中とを同じ扱いにするとは。』主人はその一人に答えた。『友よ、あなたに不当なことはしていない。あなたはわたしと一デナリオンの約束をしたではないか。自分の分を受け取って帰りなさい。わたしはこの最後の者にも、あなたと同じように支払ってやりたいのだ。自分のものを自分のしたいようにしては、いけないか。それとも、わたしの気前のよさをねたむのか。』このように、後にいる者が先になり、先にいる者が後になる。」

仕事を求める農夫たち

本日の箇所マタイによる福音書二〇章一～一六節は譬《たと》え話です。福音書の譬え話の多くが、「天国」（神の国）に関してのものなのですが、その代表的な話の一つです。ここで取り上げられているのは暑い日のことです。私たちで言う真夏を想像いたします。その暑い時期、労働者は野外のブドウ園で働いているのです。聖書が書かれた頃には、屋内での農作業ということは考えられませんから、休憩時間を取ったとしても一日中、外で働いたことでしょう。この箇所には幾組かの労働者が登場します。そのうちの一組は早朝に主人と出会い、ぶどう園に雇われました。一日の報酬は一デナリオンです。

次に九時ごろ、十二時ごろ、三時ごろにも、そして最後に、その日の仕事が終わる一時間前に主人から声を掛けられ、雇われた人々が登場します。六節と七節にはこう書かれています。「五時ごろにも行ってみると、ほかの人々が立っていたので、『なぜ、何もしないで一日中ここに立っているのか』と尋ねると、彼らは、『だれも雇ってくれないのです』と言った。」

想像をし過ぎるかも知れませんが、その人たちに家族がいたとしたらどうでしょう。夕方になって、その日の賃金を持って帰ることが出来ないまま帰路に着くとしたら、その人たちの心の内は一様に、心配と焦りで一杯になっていたことだと思います。しかも暑さの中、何かをしたくてもすることが無い時間を、朝早くから夕方まで過ごしていたとしたら、その不安はどれほどのものだったのかを想像しないではおられません。聖書の記述の中に出ている、他の時間に雇われた人たちには、仕事を与えられるだけではなく報酬も約束されたのです。しかし、五時に雇われた人たちは報酬についても約束はされず、一時間のみ仕事に就くことが告げられただけです。

そして報酬を受け取る時がきました。その時、最後に来て、わずか一時間働いた人たちから報酬が払われたと書かれています。彼らの報酬は一デナリオン、それは一日の生活費に相当する額のようです。最後の一時間を働いた人たちが報酬としてそれをもらった時、朝から働いた人たちは、「約束以上に多く貰えるかもしれない」と期待したでしょう。こう書かれています。「最後に来たこの連中は、一時間しか働きませんでした。まる一日、暑い中を辛抱して働いたわたしたちと、この連中とを同じ扱いにするとは」と。

天国の譬え

それに対し主人は、「自分のしたいようにする」と語りました。ここで思い出していただきたいと思います。それは、この話は天国の譬え話だということです。私たちはここから、天国の何を聞くことが出来るのでしょうか。それは、ぶどう畑での報酬こそ、実は「天国に招かれている姿」を表していると語らなければなりません。

さらに、本日の聖書の中に出てくる時間を、一人の人の人生で考えることが出来るのです。「夜明けとともに」は人生の早いうちに、ということでしょう。九時、正午、三時、それぞれの時間は、人間の成長の時に合わせたことを意味する時間帯のことであります。そして夕方とは、人生の残された時がわずかな人を意味する言葉と受け止めることが出来ます。

人が神と出会う場面は、一人ひとりで違います。早いうちに神と出会う方がおられます。一方、晩年に出会う方もおられます。それら、神に出会ったすべての方にとって、「天国」の喜びは質的には全く同じだと聖書は語るのです。ところで、その喜びに出会うまでの間、人は何を考えるのでしょうか。自分の在り方、自分が生きていることの喜び、生きてきたことの貴さを、もし感じることが出来なかったら、人生の終わり近くを迎えて何を思うのでしょうか。早いうちに神と出会った方も、晩年に出会った方も、同じ「暑さ」の中にいます。不安の中で過ごす「暑さ」と充実感の中で過ごす「暑さ」では、暑さの感じ方は違うでしょう。

夜明けから働いた人は、終了一時間前に雇われた人の報酬を知って不平を言っているのですが、自分が神の下で生きている、そして、神の約束の下で生きている充実感を忘れているのかも知れません。それに対し、昼間は何も出来ないまま時間を過ごして夕方を迎えようとしている人は、主人に会った時、生きる望み、そして天国への望みに出会った思いがしたのではないでしょうか。

人との出会いを求める主人

もう一度聖書の記述に戻ります。ぶどう畑で働く人と出会っているのは、主人です。どの時間においても、主人が出会っています。雇うことを決めたのも、もちろん主人です。夜明けから働いている人は、「まる一日、暑い中を辛抱して」と主人に言っています。聖書の記述を見る時、夜明けに、そして九時に、正午に、午後三時に、また終了一時間前にも、出会うことを願って暑い日の中を出掛けたのは、主人なのです。この主人とは、「天国の主人」である父なる神なのです。

神は、どの人にも出会おうとなさるお方です。生まれたばかりの人とも、幼い子どもとも、成長していく子どもたちとも、あるいは青年とも、そして壮年期を迎えた人とも、更には老年期を迎えている人とも、出会うことを求めておられるのです。そして出会った人には、「天国の喜び」を与えたいと願い続けているお方でもあるのです。

天の国の主催者は神

さて、この箇所は誤解を生むことがあります。晩年に出会っても天国に入ることが出来るならば、晩年になるまでは自分のしたいことをして、それから神と出会うために教会へ行き、信仰について考えればいいという誤解です。しかし、晩年というのは必ずしも年を重ねてからのものではなく、若年であってもその時が晩年の場合もあります。いつも晩年と隣同士で生きていることを忘れていることが、誤解の原因の一つなのです。繰り返しますが、夜明けとともに主人に出会った人は、暑さの中、大変な思いをして働いたのですが、安心感を持った時間を過ごしていたでしょう。晩年に主人と出会った人は、不安な一日を過ごしていたと十分想像出来ます。

主人と出会ったことで得る安心感

ここに、「信仰」とは何かという問いと答えを見出すのです。「信仰」とは年齢を限定せず、全ての人の生き方を支えるものなのです。生きることに行き詰まっている時、生きるための希望を失っている時などに、光を投げかけるのが「信仰」です。神と出会うということは、それらの支えを得るということなのです。イエスはこう語っておられます。「光のあるうちに歩きなさい」（ヨハ12・35）と。まさに終わりが近づいたら考えるということではなく、日々苦悩する今だからこそ信仰者としての道を歩んだらどうか、と問いかけているのです。神御自身が暑さの中、日々のたたかいの中で苦悩している人と出会い、光を与えようとなさっているのです。そこにこそ、神の恵みが表されています。私たちは感謝と共に歩み出してまいりましょう。

11　信仰者の安心

日本ナザレン教団飯塚教会
２０２０年11月１日召天者記念礼拝
ルカによる福音書　２章25～35節

そのとき、エルサレムにシメオンという人がいた。この人は正しい人で信仰があつく、イスラエルの慰められるのを待ち望み、聖霊が彼にとどまっていた。そして、主が遣わすメシアに会うまでは決して死なない、とのお告げを聖霊から受けていた。シメオンが〝霊〟に導かれて神殿の境内に入って来たとき、両親は、幼子のために律法の規定どおりにいけにえを献げようとして、イエスを連れて来た。シメオンは幼子を腕に抱き、神をたたえて言った。／「主よ、今こそあなたは、お言葉どおり／この僕を安らかに去らせてくださいます。／わたしはこの目であなたの救いを見たからです。／これは万民のために整えてくださった救いで、／異邦人を照らす啓示の光、／あなたの民イスラエルの誉れです。」／父と母は、幼子についてこのように言われたことに驚いていた。シメオンは彼らを祝福し、母親のマリアに言った。「御覧なさい。この子は、イスラエルの多くの人を倒したり立ち上がらせたりするためにと定められ、また、反対を受けるしるしとして定められています。―あなた自身も剣で心を刺し貫かれます―多くの人の心にある思いがあらわにされるためです。」

私たちは死ぬ者

本日は召天者記念日の礼拝です。天に帰られた信仰の先輩たちを偲《しの》びつつ、死について聖書が何を語っているかを聞く時でもあります。

「終活」という言葉を色々な所で聞くことが増えてまいりました。教会の中でもそれは例外ではありません。世にいう「終活」について私自身は詳しく知る者ではありませんが、「自分の死」について考えることは大切です。

シメオンの時代の状況

お読みいただきました聖書の箇所は、イエス・キリストがお生まれになってまだ間がない頃のことです。この福音書を読む人たちの時代は、キリスト教信仰及び教会に対する迫害の時代であることを無視することは出来ません。この福音書の記者とその時代の読者が、キリスト教信仰のゆえに、迫害及び殉教という「死」と隣り合わせであったと、私たちも知っておく必要があります。シメオンが語った「安らかに去らせてくださいます」という言葉は、そのような時代にどれほどの現実味があるのでしょうか。そこに「信仰者の安心」はあると言えるでしょうか。信仰者として生きているということは、とても大変な、そして重苦しい思いやたたかいの中に生きる状況の時があるのです。それでもルカは、「安らかに去らせてくださる」と書いているのですが、なぜそのように書くことが出来たのでしょう。

信仰者ステファノの死

ルカは福音の宣教者パウロの弟子の一人だといわれています。ですから、パウロからイエスに関してのことや使徒たちのこと、また、パウロが関わった初期の教会のこと等について多くの話を聞いていたのではないかと推測をいたします。

ステファノの死に関しても、その一つでしょう。ステファノとは、初代のエルサレム教会の信徒の一人で、教会の役員（執事）の一人に選ばれていた人です。彼は、キリスト者であることによって殉教者となりました。聖書の記述の中で第一号の殉教者であります。使徒言行録七章は、この人の死の光景を書いています。その中に、サウロ（後のパウロ）がいました。彼はステファノを殺すことに賛成しており、その死の目撃者でもあったのです。ステファノは石を投げつけられて死んでいくのですが、その時、「天が開いて、人の子が神の右に立っておられるのが見える」（56節）と叫んだことが記されています。使徒信条では、「全能の父なる神の右に座し給《たま》えり」と告白いたします。キリストは、いつもは「神の右」に座するお方なのですが、ステファノの死に際しては、「神の右に立っておられ」たのです。なぜ立ち上がっておられたのでしょうか。彼の受けている苦しみに対し、思わずキリストは立ち上がったのではないでしょうか。「あぁ、ステファノよ！」という思いをもって立ち上がり、手を伸ばして抱きしめようとなさったのではないかと思わされます。

主の名のゆえに殺されていく者へのイエス・キリストの思いが、そこには表されていると言うことが出来るでしょう。イエスを救い主キリストとして告白する者たちの死に際して、キリストが手を差し伸べて下さるというメッセージと共に、迫害や殉教の死のたたかいの中にある人々に目を注いで下さっていると、ルカは伝えたのです。

ルカは、福音書の続編としての使徒言行録も書いており、その記述はキリスト者の大きな励ましであったと考えられます。

福音書の記者ヨハネが伝えるキリスト者の死

福音書の記者ヨハネは一四章を通して、イエス・キリストが再び地上に来られる時のことを伝えています。それがいつであるかを知る者は誰もおりません。そして、全ての人にイエス・キリストは関わるために再び来られるのです。彼らに対して関わることが出来る人は、他には誰もいません。ただキリストだけです。

私は牧師として、今までに幾度か結婚式の司式をさせていただきました。式の中で必ず申し上げてきたことがあります。「死が二人を分かつまで」という言葉です。どんなに愛し合っている夫婦であっても、「死」はそれらを断ち切るからです。夫婦だけではなく親子でも、また人間関係において、誰にとっても現実なのです。ですから、「死は孤独なのだ」と考えたり、語ったりする方は少なくありません。しかし、キリスト者は違うのです。

ヨハネによる福音書一四章三節には、「行ってあなたがたのために場所を用意したら、戻って来て、あなたがたをわたしのもとに迎える。こうして、わたしのいる所に、あなたがたもいることになる」と記述されています。この「迎える」という言葉は「呼び寄せる」、また「連れて行く」ということにも用いられるギリシャ語です。イエス・キリストは、天に「呼び寄せ」て下さり、神の前に「連れて行っ」て下さるということです。ですから死は孤独ではないこと、また、慰めがあることを伝えています。ステファノの死の時にも、「この人があのステファノです」と神の前に連れ出して下さるのです。イエスを救い主と信じるすべての者の死の時の様子をはっきりと示して下さっています。

信仰者の安心

さて、最初に触れたシメオンの話に戻しましょう。シメオンは霊によって、「救い主に会うまでは死ぬことがない」と確信しました。実際に「救い主」である幼子に出会った時、「主よ、今こそあなたは、お言葉どおり／この僕《しもべ》を安らかに去らせてくださいます。わたしはこの目であなたの救いを見たからです」と語りました。「安らかに去らせてくださいます」と語った言葉の「安らかに」は、「この平和・平安・安らかさに適《かな》うものは無い」という意味を持った単語が使われています。ですから、シメオンはこの世を去ることに対しても、この世に生きている間も、すべてをこのお方に委ね、託していくことを決意したのでしょう。

私たちもシメオンのように、安らかに去らせていただける者であることを思わずにはおれません。ステファノが死におもむく時、思わず立ち上がったキリストの思いと、ヨハネ一四章の言葉とを通して、そのように受け止めることが出来るのです。

天地創造の時以来、人は神に背《そむ》き神の下から離れたのですが、神はその人を捜し求め、御自身の下に立ち返らせて下さいました。これだけでも大きな喜びであります。その上になお、神は死に至る時まで父であり続け、天に私たちが戻るべき場所を備えて下さっていると言うのです。死の時には立ち上がって手を伸ばし、抱きしめようとして下さるお方だと聖書は伝えます。シメオンの「安らかに去らせてくださいます」は、私たちキリスト者の言葉でもあるのです。

召天者記念のこの日、生と死とを導いて下さるお方に感謝し、この「安らかさ」がもたらす喜びを多くの方々に知らせ、分かち合いながら天を目指す者として歩み出してまいりましょう。

12　世の光

日本ナザレン教団松江教会
１９９９年7月11日
ヨハネによる福音書　8章1～12節

イエスはオリーブ山へ行かれた。朝早く、再び神殿の境内に入られると、民衆が皆、御自分のところにやって来たので、座って教え始められた。そこへ、律法学者たちやファリサイ派の人々が、姦通の現場で捕らえられた女を連れて来て、真ん中に立たせ、イエスに言った。「先生、この女は姦通をしているときに捕まりました。こういう女は石で打ち殺せと、モーセは律法の中で命じています。ところで、あなたはどうお考えになりますか。」イエスを試して、訴える口実を得るために、こう言ったのである。イエスはかがみ込み、指で地面に何か書き始められた。しかし、彼らがしつこく問い続けるので、イエスは身を起こして言われた。「あなたたちの中で罪を犯したことのない者が、まず、この女に石を投げなさい。」そしてまた、身をかがめて地面に書き続けられた。これを聞いた者は、年長者から始まって、一人また一人と、立ち去ってしまい、イエスひとりと、真ん中にいた女が残った。イエスは、身を起こして言われた。「婦人よ、あの人たちはどこにいるのか。だれもあなたを罪に定めなかったのか。」女が、「主よ、だれも」と言うと、イエスは言われた。「わたしもあなたを罪に定めない。行きなさい。これからは、もう罪を犯してはならない。」

イエスは再び言われた。「わたしは世の光である。わたしに従う者は暗闇の中を歩かず、命の光を持つ。」

イエスに対するファリサイ派の人と律法学者の訴え

「わたしは世の光」とイエスが語られたヨハネによる福音書八章の言葉を通して、メッセージを聞いてまいります。

イエスのこの言葉を、記者は姦通の女の人の話の後に記しています。それは、女性が姦通の現場からイエスの前に、ファリサイ派の人と律法学者によって連れて来られた話です。彼らはイエスに、「この女は姦通の現場にいたので、石打ちの刑を受けるべきだ」と告げました。その目的は、イエスを陥《おとしい》れようとするためであって、女性を裁くことではなかったとヨハネは伝えます。

訴えに応答するイエス

そこにどのような企《たくら》みがあったとしても、イエスの言葉は、「あなたたちの中で罪を犯したことのない者が、まず、この女に石を投げなさい」でした。結果は、誰も石を投げることが出来ず、その場に残る人は一人もいなかったとあります。皆さんはどう思われるでしょう。

ファリサイ派や律法学者は、「自分たちは神の前に正しく、誰からも、神からも罪ある者という指摘を受けることはない」という自負心があったと思われます。しかしイエスの一言で、彼らも石を投げつけることが出来ずにその場を去ったのです。

「罪ある者である」と知らされる

ファリサイ派と律法学者は、「自分も罪ある者」という自覚を持たされたと言うことが出来ます。今まで、人々の生活の中に「神の義とされる律法が根付いていない」と他者を批判してきた彼ら自身に、律法では指摘出来ない罪があることを知らされたのです。「自分が罪ある者だ」と知った時、彼らはどうしたでしょうか。

「光」が働く時

「わたしは世の光」とイエスが語られた言葉が、今申し上げた記述の後に書かれていることは、とても大きな慰めではないでしょうか。「光」と言う時、二つの面があると思います。一つは、マタイやルカの福音書が語るように、「灯」が点《つ》けられると、細々とした光であっても部屋中を照らすことが出来るということです。イエスの「あなたたちの中で罪を犯したことのない者が」という言葉は、ファリサイ派や律法学者の心の内に何があるかを照らし出してしまう光だったと言えます。

「光」のもう一つの働きは、ヨハネが一章において語っているように、「闇は光に勝つことは出来ない」ということです。彼ら自身が「罪ある者」と知った時、「えっ、まさか」という驚きと、「わたしはどうしたらよいだろう」という迷いを持ったのではないかと思います。

「わたしは世の光」とイエスが語られた時、心の内に在る罪や重苦しさなど、闇の中にあるものを明らかにする働きと、闇を打ち破る働きの両面を意味していると言えます。

「罪ある人」を受け入れる

それは、罪ある者がいたとしても、イエスはその人の罪を赦《ゆる》し受け入れるお方であると伝えているのです。人々が「あの人は罪のある人」と言っても、イエスにとっては受け入れることの出来る対象であったのです。福音書は、罪人と呼ばれる人を訪ね、彼らと関わるイエスの姿を多く記しています。それがイエスの実際の姿だったからです。イエスはそのような生き方をされたお方だと言うことが出来るのです。福音の宣教者パウロは、イエスのことを「神が人となられて人の世に生活されたお方」だと伝えます。神がイエスを通して罪ある人に近づき、赦しを与えていることをパウロは知っていたからです。

神の愛が届く

罪の自覚をしたであろうファリサイ派や律法学者に対しても、イエスは光を与えておられます。「わたしは世の光である。わたしに従う者は暗闇の中を歩かず、命の光を持つ」と語り、罪を含めた闇から導き出すお方として宣言しておられるのです。

ヨハネが、姦通の人に関する記述の後に、「わたしは世の光」というイエスの言葉を置いたことに、私は聖霊の導きを感じます。

愛は見捨てることを知らない

そして、この「わたしは世の光」という言葉は、ファリサイ派や律法学者のためだけではなく、すべての人にも語られています。

ところで、ヨハネはポンテオ・ピラトについても記述しています。ピラトが「あの男に何の罪も見いだせない」（18・38、19・6）と語りながら、民衆の反発を怖れてイエスを十字架に送り（19・16）、イエスの死後その葬りに関して許可を出したこと（19・38）以外、彼のことは聖書の記述の中には何も見つけることは出来ません。さらには、イエスを奴隷の身代金と同じ額でユダヤ人指導者たちに売り、「イエスを裏切った者」と呼ばれるようになったイスカリオテのユダは、そのことを深く悔いています（マタ27章）。彼は何をしても、どこに行っても、救われる道を見つけることが出来ず、自らの命を絶ってしまったと福音書の記者は告げています。

では、ピラトやイスカリオテのユダには救いは無いのでしょうか。ファリサイ派や律法学者には、イエスから救いのための言葉がかけられました。それを受け入れたかどうかは分かりませんけれども、イエスの思いは明らかにされています。そうであれば、ピラトとイスカリオテのユダに対しても、イエスは「父よ、彼らをお赦しください」（ルカ23・34）という十字架の上での叫びを通して、救いの言葉を投げかけているのではないでしょうか。ピラトが、またイスカリオテのユダが、その言葉を聞いたかどうかは分かりません。しかしイエスを通して、神は彼らをも救いの道へと招いたお方であることを、私は信じ伝えたいのです。

天地創造の前から「いた」光

私たちは自分のことを、どのように自己評価しているでしょうか。イエスが語られた「光」が、自分にも差し込んでほしいと思うことはおありでしょうか。私には皆さん方の自己評価、また思いを知ることは出来ません。それでも、「光」は皆さんに対してあまねく、そして歴史の始まる前から、「光」としての働きをする力を持って存在しているのです。ヨハネ一章一節に「言《ことば》があった」と訳されていますが、この「言」は「光」でもあった、と四節が伝えています。「光」でもある〝言〟は原語においては、「あった」よりも、天地創造の時、「既にいた」という意味の言葉を用いています。岩波訳の聖書がそのように訳していますが、適訳だと理解しています。「光」は天地創造の時には、「罪を罪として示し、罪を含む闇を打ち砕く光」として「既にいた」と伝えているのです。

「わたしは世の光」と言うお方が、天地創造の以前からとこしえまで、その働きを止めることをせず、存在することを止めることなく、生きて働いておられるのです。イエスがそのお方なのです。イエスが世の光であり、救い主であることを、心から感謝する者であります。

13　聖霊による言葉

日本ナザレン教団飯塚教会
２０１９年６月９日聖霊降臨日
使徒言行録　２章１～４節

五旬祭の日が来て、一同が一つになって集まっていると、突然、激しい風が吹いて来るような音が天から聞こえ、彼らが座っていた家中に響いた。そして、炎のような舌が分かれ分かれに現れ、一人一人の上にとどまった。すると、一同は聖霊に満たされ、〝霊〟が語らせるままに、ほかの国々の言葉で話しだした。

聖霊降臨を待つ

本日は、聖霊降臨日です。キリスト教信仰にとって決して欠かすことの出来ない神の働きである聖霊が、教会に降ったことを記念する日です。

今日の聖書箇所の使徒言行録は、ルカが福音書の続編として書いた文書です。そこで、はじめに少しだけルカによる福音書を見てまいります。二四章四九節で、イエスの言葉をこのように書いています。「わたしは、父が約束されたものをあなたがたに送る。高い所からの力に覆われるまでは、都にとどまっていなさい。

」言うまでもなく、「高い所からの力」は聖霊のことを意味します。

さらに、ルカは使徒言行録一章八節において、「あなたがたの上に聖霊が降ると、あなたがたは力を受ける。そして、エルサレムばかりでなく、ユダヤとサマリアの全土で、また、地の果てに至るまで、わたしの証人となる」とも記します。これらは福音宣教への派遣を告げる言葉であり、かつ福音を伝えるためには聖霊の働きが欠かせないことを、イエスははっきり伝えています。

聖霊は語るべき言葉を与える

「聖霊」は「霊」と言うくらいですから、形に表すことは出来ません。しかし、聖書はこの聖霊についてこう表現しています。「突然、激しい風が吹いて来るような音が天から聞こえ、彼らが座っていた家中に響いた。そして、炎のような舌が分かれ分かれに現れ、一人一人の上にとどまった。」（2・2〜3）　「炎のような舌」と聞く時、皆さんは何を思い浮かべるでしょうか。人によって様々だろうと思います。また、四節の「一同は聖霊に満たされ、〝霊〟が語らせるままに、ほかの国々の言葉で話しだした」ということを、どう理解すべきでしょうか。

ルカは、聖霊を受けた人々がどれほど精神を高揚させたか、どのような行動を起こしたかということではなく、「〝霊〟が語らせるままに、ほかの国々の言葉で話しだした」ことを伝えています。言い方を変えますと、今まで話したことがない言葉を語り出したというのです。そうすると、「炎のような舌」は、「語るべき言葉」を意味していると言わなければなりません。

聖霊は神認識を与える

ところで、皆さんは、日本で初めて聖書が翻訳された時のことを、お聞きになったことがあるかと思います。小説家の三浦綾子さんが『海嶺』という小説を書いておられます。その中でギュツラフという語学がとても堪能な人が、マカオにいた時三人の日本人と出会いました。彼らはキリスト教のことを全く知らず、外国語も全く分かりません。一方、ギュツラフは日本語が全く分かりません。その彼らが、ギュツラフの切望により身振り・手振り・表情を駆使して、初めてヨハネによる福音書の日本語訳に取り組んでいきました。

そして出来あがったのが、「始まりに賢いものござる。この賢いもの極楽ともにござる」で始まる訳です。これは今日、「初めに言があった。言は神と共にあった。言は神であった」と読まれている、皆さんもよく御存じのヨハネ一章一節です。神と日本を愛するギュツラフと、キリスト教を全く知らない三人の日本人が訳したものは、今でも優れた訳として高く評価されています。この背後には聖霊の導きがあると言わざるを得ないでしょう。聖霊の働きの確かな結実の一つであります。これが史実であることを本当に感謝します。

聖霊は自己認識を与える

もう一つ言葉に関連して、とても感動させられた出来事があります。それは、私が園長を任せられていた保育園に通っていた子どものことです。この子は、思っていることを言葉で表現することがとても苦手でした。保育士がある日、色の付いたセロハン紙を何枚か重ねて、日光にかざしました。セロハン紙の色を通して届く太陽の光がきれいだなぁと私が感じた時に、隣のその子が急に「ウワァー、キレイ」と言葉を発したのです。「本当だねぇ、陽の光が本当にキレイに見えるねぇ」と思わず応えました。このことをきっかけに、この子は心の中の感動を言葉で表現するようになったのです。その時から、この子は変わりました。行動にも、少しずつですが自信を感じ始めたのです。心の感動は人を活かしていくことを、私は目の当たりにしました。聖霊は美しいものを美しいと感じ、表現する力さえ与えて下さるのではないでしょうか。

このように、私の信仰体験の中で神を再発見し驚嘆させられた時、思わず、「主よ、感謝します！」と心の内で叫んだことが幾度もあります。

聖霊の働きを求める

もう一度、使徒言行録二章に戻ります。「一同は聖霊に満たされ、〝霊〟が語らせるままに、ほかの国々の言葉で話しだした」とあります。精神的な高揚、躍り上がりたいような思い、抱き合って喜びを表現するような行為だけではなく、聖霊は神の働きの一つとして、言葉を与えて下さるのです。

「イエスなど、知らない」と三度否定したペトロも、聖霊によって立ち直った時に、語るべき言葉を与えられてイエスを救い主と告白し、イエスを伝える者として立ち上がらせていただいたのです。

最後に、私たちの教会は、聖霊が与える力によって聖書を神の言葉として語っているでしょうか。自分の心に浮かぶ、その時々の思いつきを語ってはいないでしょうか。箴言一六章一節はこう言います。「人間は心構えをする。主が舌に答えるべきことを与えてくださる。」　聖霊は神の御旨に沿った正しい言葉をお与えになります。ですから、私たちは今一度熱心に、「聖霊をお与え下さい、語るべき言葉をお与え下さい」

と祈りながら歩み出そうではありませんか。

神の恵への応答

14　神の計画

日本ナザレン教団飯塚教会
２０１９年12月15日
マタイによる福音書　1章18～25節

イエス・キリストの誕生の次第は次のようであった。母マリアはヨセフと婚約していたが、二人が一緒になる前に、聖霊によって身ごもっていることが明らかになった。夫ヨセフは正しい人であったので、マリアのことを表ざたにするのを望まず、ひそかに縁を切ろうと決心した。このように考えていると、主の天使が夢に現れて言った。「ダビデの子ヨセフ、恐れず妻マリアを迎え入れなさい。マリアの胎の子は聖霊によって宿ったのである。マリアは男の子を産む。その子をイエスと名付けなさい。この子は自分の民を罪から救うからである。」このすべてのことが起こったのは、主が預言者を通して言われていたことが実現するためであった。「見よ、おとめが身ごもって男の子を産む。／その名はインマヌエルと呼ばれる。」この名は、「神は我々と共におられる」という意味である。ヨセフは眠りから覚めると、主の天使が命じたとおり、妻を迎え入れ、男の子が生まれるまでマリアと関係することはなかった。そして、その子をイエスと名付けた。

イエスの父となったヨセフへの指針

待降節第三週を迎えました。今朝は、マタイによる福音書一章から、「インマヌエル」（神は我々と共におられるという意味）と呼ばれるイエスの誕生に関することを聞いてまいります。特に、イエスの父となったヨセフに注目して、「神の計画」を見ていきたいと願っています。

ヨセフはマリアの婚約者でした。そのマリアが身重である、と神の使いがヨセフに告げました。マリアが身ごもっていた子は、イエスです。それを聞いたヨセフは、秘かにマリアと離縁しようとしたと聖書に書かれています。けれども、神の使いはヨセフに、「妻マリアを迎え入れなさい」と告げ、ヨセフは受け入れました。ヨセフはイエスの父となるのですが、なぜ、神様はヨセフを選んだのでしょうか。皆さんはどう思われますか。私はこの聖書記述を通して、ヨセフはマリアの夫として、そして救い主となるイエスの父として、神が特別に選ばれたと感じないではおられません。

「共にいて下さる」道を歩んだイエス

なぜかと申しますと、イエスは「インマヌエル」を体現なさるに当たり、父ヨセフを通してそれを学んだと考えるからです。イエスは成人してからも、「インマヌエル」として生きることを自覚しておられたのです。その思いを、マタイは一一章二八節において、「疲れた者、重荷を負う者」に、「わたしのもとに来なさい」というイエスからの招きの言葉を書いています。

しかしイエスは、「わたしの軛《くびき》を負いなさい」と言葉を加えました。なぜこれが「インマヌエル」と関係があるのでしょうか。せっかく重荷を下ろしたのに、「軛を負いなさい」と言われたのです。「軛」とは、荷車などを引く時に、二頭の動物（牛や馬）同士をつなぐものです。主イエスはこの軛を負うことを覚悟し、その上で、私たちにも「軛を負いなさい」と言っているのです。二頭立ての軛の中の一頭は、重荷を負って歩んでいる人を指し、もう一頭がイエス御自身であるわけです。これは、重荷を負って歩んでいる人と共にイエスも歩んで行く、ということを語っている言葉なのです。「神は我々と共におられる」と言うことはそういうことです。

それとともに一八章二〇節においては、こうも書かれています。「二人または三人がわたしの名によって集まるところには、わたしもその中にいるのである」と。これも「インマヌエル」の姿です。クリスマスの時にのみ、「インマヌエル」という言葉が思い出されるのではなく、教会生活の日常にも「我々と共におられる」と、イエス御自身が語っておられるのです。

「共にいて下さらないこと」の苦しみ

さて皆さんは、「主が共にいて下さらない」のではという苦しみに会ったことがおありでしょうか。ここで、聖書をもう一箇所読んでまいります。「三時ごろ、イエスは大声で叫ばれた。『エリ、エリ、レマ、サバクタニ。』これは、『わが神、わが神、なぜわたしをお見捨てになったのですか』という意味である。」（27・46）この言葉は、神が共におられないことの苦しみを語っている言葉なのです。その十字架上のイエスが、「私」と共にいて下さる―インマヌエル―ということは、とてつもなく感謝なことです。

父ヨセフを通して学んだこと

では、「インマヌエル」と呼ばれるイエスと、ヨセフとの関わりを通して、私たちは聖書から何を聞いたら良いのでしょうか。改めて、「神の計画」という主題を考えてみます。

主イエスは、「インマヌエル」ということを体現することが御自身の使命でした。その使命をどこかで、あるいは何かの形で学ぶことがあったのではないかと思わされます。主イエスは、「共にいる」という在り方をヨセフから学んだのではないでしょうか。マリアが身ごもっていることを知った時、「ひそかに縁を切ろうと決心した」ヨセフであります。しかし、そのヨセフは天の御使いが語った「恐れず妻マリアを迎え入れなさい」という言葉を受け入れました。このような場合、ヨセフは縁を切ったとしても不思議ではないのです。世間はそれを許してくれるのです。しかし、マリアが神から担わされたことは、とてつもない使命であることを知ったヨセフは、世間を恐れずマリアを妻として迎えました。

ヨセフが決意したことは、何があっても、そして誰が何と言っても、「マリアを支え続けること」だったのではないでしょうか。どんなことが起こっても、社会から見捨てられるようなことがあっても、「私はマリアを守る」というマリアへの思いが、「妻マリアを迎え入れなさい」と仰《おっしゃ》る神への応答ではなかったでしょうか。そのような夫婦の中にこそイエスがお生まれになり、また、父ヨセフの背中を見て育ったのです。イエスにとって最も大切な使命である「共にいること（インマヌエル）」、そして見捨てないという形を、父であるヨセフがマリアと共にいる姿の中にも見い出します。ヨセフはマリアの夫として選ばれました。しかしそれだけではなく、「インマヌエル」と呼ばれるイエスの父として選ばれたのです。神によるマリアの選び、そしてヨセフの選びが、救い主イエスを通して、全ての人と共に神がいて下さることの確かさを実証したのです。神が行われたイエス・キリストによる救いの出来事は、「神の計画」の確かさを世界中の人に語っています。

最後に、復活されたイエスも「わたしは世の終わりまで、いつもあなたがたと共にいる」と仰っています。「神の計画」の確かさを、待降節のこの時に感謝と共に賛美しようではありませんか。

15　信仰を支えるもの

日本ナザレン教団飯塚教会
２０２０年10月25日
マタイによる福音書　7章24～29節

「そこで、わたしのこれらの言葉を聞いて行う者は皆、岩の上に自分の家を建てた賢い人に似ている。雨が降り、川があふれ、風が吹いてその家を襲っても、倒れなかった。岩を土台としていたからである。わたしのこれらの言葉を聞くだけで行わない者は皆、砂の上に家を建てた愚かな人に似ている。雨が降り、川があふれ、風が吹いてその家に襲いかかると、倒れて、その倒れ方がひどかった。」イエスがこれらの言葉を語り終えられると、群衆はその教えに非常に驚いた。彼らの律法学者のようにではなく、権威ある者としてお教えになったからである。

キリスト教会の転換のきっかけ

本日は宗教改革記念主日です。今から五〇三年前の十月三一日の朝、「九五の質問」が教会堂の門に張り出されました。マルティン・ルターという修道士によるものです。これが宗教改革の始まりの出来事です。

ルターは、当時の教会が語るメッセージに対し、「その聖書的根拠はどこにあるのか」と問いかけたのです。当時の教会には、ラテン語による聖書が置かれていましたが、多くの人々はラテン語教育を受けていないので、聖書を読むことが出来ませんでした。ですから、「これが教会からのメッセージだ」と指導者が語った時、それをそのまま受け入れる以外に信仰者として歩む道はなかったのです。

これに対して、新約聖書の使徒言行録に、ベレアのユダヤ人たちが行っていた習慣が書かれています。その教会では、パウロをはじめ福音を伝える者たちが説教を語った後、彼らは「非常に熱心に御言葉を受け入れ、そのとおりかどうか、毎日、聖書を調べていた」（17・11）というのです。しかしルターの時代には、多くの人々が聖書を読むことが出来ませんでしたので、聖書には必ずしも書かれていないことを語ったとしても、ベレアの教会のように確認することは出来なかったと思われます。そのことをルターは大きな問題として捉え、聖書を母国語であるドイツ語に訳しました。

聖書的根拠から外れた教会からのメッセージ

このことは、当時の教会の指導者たちにとって痛いところを突かれることではなかったかと思います。なぜなら、聖書に書かれていないことも、教会の伝統として聖書に書かれているかの如《ごと》く語っていたからです。当時の教会は伝統を重んじていました。ですから、教会の指導者には伝統を守っていくこともその役割である、という思いがあったのでしょう。ルターが「聖書的根拠はどこにあるのか」と問いかけた時、それは教会の伝統を否定することになるのではないかと思えたのでしょう。そういった論争を繰り返し、皆が直接聖書を読むことが大切だ、とルターは深く思ったのです。

神の導きによる聖書翻訳

ルターが聖書を訳したことによって、ドイツ国民は聖書を手にすることが出来ました。また、その翻訳の業によって今日まで使われているドイツ語を整備したという功績にもつながっているのです。さらに神の導きの中に在って、グーテンベルグによる印刷機の発明が大きな助けとなり、広く聖書が読まれることになりました。

マタイによる福音書七章二四節をもう一度読んでまいります。そこには、「これらの言葉を聞いて行う」と書かれています。「これらの言葉」とは、イエスが山上で語られたものです。それを聞いて「行う」とイエスは強調しました。この「行う」というギリシア語は、「一致している」という意味もあります。この意味で訳しますと、「イエスが語られたこと、あるいは聖書の言葉と、信仰者としての在り方が一致している」となります。ルターの時代の教会は、この点に関して誤った道を辿《たど》っていたと言うことが出来るでしょう。

当然このような批判は、当時の教会の怒りを引き起こしたに違いありません。けれどもしばらくして、冷静さを取り戻した時、自分たちの教会の在り方に過ちがあったことに目が開かれて行きます。

聖書の言葉に養われる信仰

イエスのこの言葉から私たちが聞くこと、また、ルターが教会に指摘したことを通して、私たちが心に留めなければならないことがあります。それは、私たちは神が語られたこと、即ち聖書の言葉に照らし合わせた生き方をしているのかということです。聖書の言葉を自分の都合の良いように受け止めたり、耳障りの良い所だけを選んで読んだりしていないか、と自問する必要があります。

ここで、二人の人を聖書の中から紹介します。一人目は、イエスの母となったマリアです。ルカによる福音書一章に、「どうしてそのようなことがありえましょうか。わたしは男の人を知りませんのに」（34節）という言葉があります。マリアは神の御心によってイエスを身ごもったと聖書は告げています。マリアには身に覚えもなく、まったく考えられないことでした。マリアが語った言葉は常識に立っており、誰が考えても正当な言葉でした。しかし、天使が「神の計画」を語った時、マリアは「お言葉どおり、この身に成りますように」（38節）と答えたのです。人間の常識を超えた神の言葉に素直に応答したのです。

二人目は、イエスの十二使徒の一人で、筆頭弟子とも言われているペトロです。ルカ五章四、五節に、「（イエスは）『沖に漕ぎ出して網を降ろし、漁をしなさい』と言われた。シモンは、『先生、わたしたちは、夜通し苦労しましたが、何もとれませんでした。しかし、お言葉ですから、網を降ろしてみましょう』と答えた」と書かれています。シモンと呼ばれたペトロは、魚を獲る漁師としての経験は豊富であったと思います。しかし、この日はイエスと出会う前に一晩中漁をして、結局何も獲れなかったのだと告げられています。つまり、イエスが「網を降ろしなさい」と言われた時、自分の経験を述べたのです。いったんはイエスに対して「何もとれなかった」とペトロは答えたのですが、「お言葉ですから」と思い直し、網を降ろしてみました。すると、「おびただしい魚が取れた」のです。

聖書に養われ、導かれる

このように、マリアの常識やペトロの経験を主の言葉は越えていることを聖書は伝えています。主の言葉には不思議な力があり、神の思いが伝えられています。教会の過ちを正す力も持っています。人を、そして社会を正しい方向へ導く力も持っています。

宗教改革者ルターは、神の御言葉が知らされないことによる弱さ、御言葉を勝手に解釈することの過ちを指摘し、すべての信仰者が御言葉に直接触れることが出来るためのたたかいを始めたのです。私たちの信仰も聖書の言葉に立っていなければ、神の御旨に適う筈はありません。いわゆる「聖書に勝るものは、聖書しか無い」からです。

最後に、多くの信仰者たちを支え、励ましてきた賛美の言葉を紹介いたします。

主のとうときみことばは
わがいのちのもといなり。
たよるわれは安けしや、
世にまたなきみことばよ。
（讃美歌２８４番）

私たちも聖書に養われ、導かれることを祈ってまいりましょう。それこそが信仰者を支え、主の御旨に適って歩む者とさせていただく唯一の道なのですから。

16　信仰に生きる

日本ナザレン教団五条教会
１９９７年12月28日
ヨハネによる福音書　９章１～12節

さて、イエスは通りすがりに、生まれつき目の見えない人を見かけられた。弟子たちがイエスに尋ねた。「ラビ、この人が生まれつき目が見えないのは、だれが罪を犯したからですか。本人ですか。それとも、両親ですか。」イエスはお答えになった。「本人が罪を犯したからでも、両親が罪を犯したからでもない。神の業がこの人に現れるためである。わたしたちは、わたしをお遣わしになった方の業を、まだ日のあるうちに行わねばならない。だれも働くことのできない夜が来る。わたしは、世にいる間、世の光である。」こう言ってから、イエスは地面に唾をし、唾で土をこねてその人の目にお塗りになった。そして、「シロアム―『遣わされた者』という意味―の池に行って洗いなさい」と言われた。そこで、彼は行って洗い、目が見えるようになって、帰って来た。

「神の業」をどう受け止めるか

本日の聖書箇所はヨハネによる福音書九章の、生まれつき目の見えなかった人が見えるようになったというイエスの奇跡の話ですが、イエスによる神の業は全ての人を対象にしていることを、ヨハネは伝えようとしていると思わされます。

ここにはイエスと弟子たちが、生まれつき目の見えない人と出会ったことが記されています。弟子たちは、「この人が生まれつき目が見えないのは、誰が罪を犯したからですか。本人ですか。それとも両親ですか」とイエスに問いました。イエスは、「本人が罪を犯したからでも、両親が罪を犯したからでもない。神の業がこの人に現れるためである」とお答えになりました。この言葉に、本日聞くべきメッセージの核心があります。イエスは、御自身が神の業を現す者であることを自覚しておられたのでしょう。この「神の業」はこの時だけではなく、今日においても起こっている業であることを私たちは知るのです。

そのために、まず思い起こしたい「神の業」があります。天地創造がそれです。その中で創世記一章が告げるのは、天地創造の最後に人が造られたということです。しかも、「我々（神）にかたどり、我々（神）に似せて」（26節）人は造られていると語っています。皆さんは「人のどこが神にかたどられたか」、また、「何が神に似ている」と思われるでしょうか。

そのためには、神というお方がどのような方であるかを思い起こさなければなりません。出エジプト記三章一四節は、神御自身が以下のように語られたことを告げています。「神はモーセに、『わたしはある。わたしはあるという者だ』と言われ、また、『イスラエルの人々にこう言うがよい。「わたしはある」という方がわたしをあなたたちに遣わされたのだと』」。「わたしはある」という言葉にこそ神の形が現されています。これを旧約聖書のギリシャ語訳では「エゴー エイミ」と訳しています。この「ある」という形は、決して無視することが出来ない、損なうことも出来ない在り方であります。この神の形は神だけのものではなく、人もその通りだというのが「神にかたどって」ということであり、「神に似せて」ということでもあるのです。

神の「ある」と、人の「ある」とは、「あなた」と「わたし」という応答関係を持つものでもあります。ですから、神は人に対し「あなた」と呼びかけ、人も神に「あなた」と呼びかけることが出来るのです。それだけではなく、人と人も、「あなた」と「わたし」という応答関係を持つことが出来るものとされています。

しかし弟子たちを含め人々は、「罪の結果と呼ばれる人たち」と「わたしとあなた」という応答関係を持つことをしませんでした。「罪ある者」は神と関わってはいけないと信じていたからです。

神が呼びかける

けれどもイエスは、「罪の結果と呼ばれていた人」との関わりを御自身の側から持たれました。他の福音書には、イエスが重い皮膚病の人に近づき、声をかけ、手を伸ばしたことが書かれています。「重い皮膚病」はイエスの時代、やはり罪の結果の病と考えられていました。フィリピの信徒への手紙に、キリストは「人間の姿で現れ」（2・7）と記されているように、神がイエスにおいて人となられ、人の世に生活なさいました。ですから、イエスにおいて神が「罪あると呼ばれた人」に近づいたのです。神と罪とは全く関わりを持たないと受け止めていた社会の中で、神こそが「罪人と言われる人」に最も近づいたと言うことが出来ます。その根拠は、人も「ある」存在だからです。障害を負って生まれた人にも、神の形と同じ「わたしはある」というものが与えられているからです。

「わたしがそうなのです（エゴー エイミ）」

ヨハネは九節で「わたしがそうなのです」と、生まれた時から目の見えなかった人の言葉を書いています。出エジプト記において神が「わたしはある」と言われた時と同じ、「エゴー エイミ」という語を用いたのです。この時既に、見える者とされていましたが、見えるようになったから「ある」と言ったのではなく、生まれた時から「わたしはある」という存在であったことを「エゴー エイミ」は伝えているのです。見ることが出来るようになる前までは、「罪の結果」と言われ続け、神も人も自分には関わってくれることはないと思っていたのです。そう思っていたところにイエスが関わって来られたのです。その時、「わたしはある」ということに目覚めさせられたのです。これこそが「神の業」なのです。

彼はイエスと出会ったことによって、神の業を現すために用いられた存在だと言えます。目が見えるのは嬉しいことです。しかし、目が見えることが無かったとしても、そして障害を取り去られることが無かったとしても、「わたしはある」という重い事実を神が実感させて下さったのです。

見えない神の業

見えなかった人が見えるようになったことは、誰でも知ることが出来ます。反対に、「罪の結果と言われた人」が、神に似せて造られた存在、また神にかたどって造られている存在だと、どうすれば確認出来るのでしょうか。通常は「見える形」では表せないのです。神御自身は「神の業」を見える形では見せないこともあるのです。ヨハネ福音書二〇章二九節は、「イエスはトマスに言われた。『わたしを見たから信じたのか。見ないのに信じる人は、幸いである』」と語ります。「見て確認することではなく、神だから神の業を行って下さる」という信仰が、今メッセージを聞く信仰者一人ひとりにも問われています。これからも問われ続けるでしょう。それでも、「見ないで信じる者となりなさい」と神は招いておられるのです。この招きに応えられるようにと願い、求め、感謝しながら歩もうではありませんか。

17　十字架から学んだこと

日本ナザレン教団八幡教会
２０２１年３月14日
ヨハネによる福音書　19章38～42節

その後、イエスの弟子でありながら、ユダヤ人たちを恐れて、そのことを隠していたアリマタヤ出身のヨセフが、イエスの遺体を取り降ろしたいと、ピラトに願い出た。ピラトが許したので、ヨセフは行って遺体を取り降ろした。そこへ、かつてある夜、イエスのもとに来たことのあるニコデモも、没薬と沈香を混ぜた物を百リトラばかり持って来た。彼らはイエスの遺体を受け取り、ユダヤ人の埋葬の習慣に従い、香料を添えて亜麻布で包んだ。イエスが十字架につけられた所には園があり、そこには、だれもまだ葬られたことのない新しい墓があった。その日はユダヤ人の準備の日であり、この墓が近かったので、そこにイエスを納めた。

イエスの死から感じること

本日は、「十字架から学んだこと」という題を与えられましたが、基本的には、「学ぶ」ことよりは「感じること」を私は大切にしております。ですから、アリマタヤのヨセフとニコデモが、イエスの十字架の死を見て感じたことを「学んだ」という表現で受け止め、語ってまいります。

アリマタヤのヨセフという人

このヨセフについては、新約聖書の四つの福音書が記述をしており、それぞれにヨセフの姿が語られているのですが、今回はヨハネによる福音書が伝えるヨセフを主とし、ニコデモについても語ってまいります。

その前に少しだけ、ヨハネによる福音書とルカによる福音書の違いに触れておきます。ヨハネではヨセフを、「イエスの弟子でありながら、ユダヤ人たちを恐れて、そのことを隠していた」（19・38）とし、ルカでは「善良な正しい人で、同僚の決議や行動には同意しなかった。ユダヤ人の町アリマタヤの出身で、神の国を待ち望んでいたのである」（23・50〜51）と告げています。ヨハネとルカでは、ヨセフを全く違う人のように紹介していますが、どちらもヨセフそのものでしょう。

それでは、今朝はヨハネの伝えるヨセフを語ってまいります。当時のユダヤ社会の人口が、どれくらいであったかは定かではありませんが、サンヘドリン（最高法院）の議員は七〇名で、その内の一人がヨセフであり、もう一人がニコデモ（3・1）でした。民衆からは尊敬を受けるに値する存在であり、マタイによる福音書によれば、経済的にも裕福な人たちであったようです。

イエスの死を見たヨセフ

そのような立場の人であっても、イエスの弟子であると知られた時には、その身に危険が迫り、財産は没収され、民衆からの尊敬を失う可能性がありました。それは、イエスをユダヤ社会がつまはじきにしたからです。そのために彼は、イエスの弟子であることを知られるのを恐れたと言えます。

イエスの弟子で筆頭格と言われるペトロも、「あなたも、あの人の弟子の一人ではありませんか」と指摘された時、「ペトロは、『違う』と言った」（18・17）と書かれています。ペトロでさえそうであったとすれば、アリマタヤのヨセフがユダヤ人たちを恐れたとしても不思議ではないと思います。このヨセフはイエスが十字架で死なれた後、イエスの遺体を引き取り、自分が所有している墓所に葬った人だ、と聖書は告げます。（マタ27・59〜60）

ヨセフの同僚のニコデモ

そして、もう一人のニコデモもイエスの葬りに関わったことを、ヨハネは「そこへ、かつてある夜、イエスのもとに来たことのあるニコデモも、没薬と沈香を混ぜた物を百リトラばかり持って来た」と書いています。「ある夜、イエスのもとに来たことのある」ということの意味は、人目を恐れている行為として受け止められています。ヨセフとニコデモは主イエスの弟子として従う時、弟子たちの仲間の中にこっそりと入って、しかし、人の目にはつかないところに位置をとっていたのではないでしょうか。

十字架から感じたこと

ヨセフは決して強い人ではなかったでしょう。むしろ、弱い人の一人であったと、はっきり申し上げる必要があるかも知れません。繰り返しますが、ヨハネは「ユダヤ人たちを恐れて」とヨセフのことを告げています。やはり、ヨセフは「弱い」と言って構わないのだと考えます。

しかし、その「弱いアリマタヤのヨセフ」が、なぜ、「イエスの遺体を取り降ろしたいと、ピラトに願い出た」のでしょうか。これは「私はイエスに従う者、イエスの弟子です」ということを明らかにする行為であります。今まで守ってきた身分・財産・民衆からの尊敬、それらのすべてを失うことに繋がる行為です。それはニコデモも同じでしょう。もしそのようなことをすれば何が起こるか、それは本人たちがよく分かっていたと思います。それなのになぜ、今になって彼らはイエスの弟子であることを表明したのでしょうか。

ヨセフとニコデモの表明の根拠は、イエスの十字架の死にあるとしか言いようがありません。ヨセフもニコデモも弱い人でした。そこには自己保身もありました。そのような二人の目の前で、イエスもまた弱さの中にいたのです。その弱さとは、十字架で死ぬということでした。十字架は、極悪人が罪の報いとして受ける死刑の方法でした。ヨセフもニコデモも、イエスがその刑を受けることなど全く必要のないお方であると知っておりました。しかし、神が十字架の死をイエスに与えたのです。そして、イエスは神のなさることを受け入れたのでした。まさに、イエスはすべてを失ったのです。

そのことを知った二人は、イエス御自身が自分を守ろうとせず、神の御心が成ることを唯一の在り方とした姿に気づかされ、自らを守る必要はない、強くなる必要もない―イエスがそうであったように、ただひたすら神が与える弱さ、恐ろしさに徹しよう―と決意したのではないでしょうか。重ねて申しますが、イエスの十字架における弱さの極みを見た時、自分に与えられている尊敬・身分・財産を守ってまで、イエスの悲しみを引き起こすのではなく、イエスの弟子としてイエスのように嘲《あざけ》りを受け、唾を吐きかけられ、命が危険にさらされることを選んだのではないでしょうか。

キリストの苦しみに連なる信仰者

改めて、本日は「十字架から学んだこと」という題を与えられています。イエスの葬りによって少なくとも二人の人が生き方を変えられたこと、弱さに徹することに「命を懸ける信仰者」が誕生したことを、聖書が伝えているのです。

教会の信仰告白である使徒信条は、イエスが「ポンテオ・ピラトのもとに苦しみを受け、十字架につけられ、死にて葬られ」と述べています。ですからキリスト者は、イエスの苦しみを口で告白するとともに、彼に倣《なら》って生きることを目指しています。イエスの葬りは、二人の信仰者の生き方を新しくしました。強い信仰者になることではなく、イエスの弱さに倣う信仰者を生み出したのです。今の時代にイエスは、「あなたもわたしの十字架を背負ってくれないか」と呼びかけているのではないでしょうか。誰かが救われるために、「あなたは弱い人になってくれないか」と招いておられるのではないでしょうか。確かに、「頑張って下さい」と語る信仰者が必要かも知れません。しかし、「弱くてもいいのだよ」と心から思い、弱さを抱える人と共に歩むことの出来る信仰者も必要なのだと感じています。イエスが負った十字架を背負うことならば、私たちも弱くてもいいではないですか。神からの招きに応えさせていただきたいと願い祈ります。

18 キリストの福音にふさわしく生きる

日本ナザレン教団飯塚教会
２０２１年３月21日
フィリピの信徒への手紙　１章27～30節

ひたすらキリストの福音にふさわしい生活を送りなさい。そうすれば、そちらに行ってあなたがたに会うにしても、離れているにしても、わたしは次のことを聞けるでしょう。あなたがたは一つの霊によってしっかり立ち、心を合わせて福音の信仰のために共に戦っており、どんなことがあっても、反対者たちに脅されてたじろぐことはないのだと。このことは、反対者たちに、彼ら自身の滅びとあなたがたの救いを示すものです。これは神によることです。つまり、あなたがたには、キリストを信じることだけでなく、キリストのために苦しむことも、恵みとして与えられているのです。あなたがたは、わたしの戦いをかつて見、今またそれについて聞いています。その同じ戦いをあなたがたは戦っているのです。

キリスト者に与えられた言葉

本日は「キリストの福音にふさわしく生きる」という題を与えられています。パウロがフィリピの教会に宛てた手紙の中の一節ですが、今日のキリスト者にも与えられている言葉です。ですから、私も教会に属する者の一人として、この言葉を聞き、受け止めたいと思います。しかし私には、気にかかる言葉でもあります。私が「信生《のぶお》」という名前だからです。キリスト者であった両親が「信仰者として生きること」を私に期待したゆえの名前だと思いますが、その私は親の期待に沿える生き方ではなかったのでしょう。親はよく「信仰者らしくない」と私に言っておりました。なぜだか私には分かりませんでした。また、「信仰者らしい生き方」とはどんな生き方をすることなのか意識していなかったように思います。今考えますと、信仰者として怠惰であったかも知れませんが、「信仰者だからこのように」という生き方に私がなじめなかったのだと思います。それでも神を信じる者となったのは、そして信仰者でいることが出来たのは、多くの方々が私のために祈って下さっていたからだということを、深く感謝しております。

笑顔を生む力

「キリストの福音にふさわしい生き方」とは、どのような生き方なのでしょう。「福音」は「喜びの知らせ」と言われています。「喜び」は笑顔を生み出します。「キリストの福音」も確かに笑顔を生み出すものであると私は確信しています。私が洗礼を受けたのは、一七歳の九月でした。洗礼を受ける前の七月に会った友人と、クリスマス前に再会しました。彼が私に「何かあったの？　この前会った時と違って笑顔があるね」と言ってくれたのです。私は小さい頃から「笑顔のない子」と言われてきました。「笑顔があるね」と言われたのは初めてだったと思います。「実は洗礼を受けたのです」と伝えました。彼はキリスト者でしたので、私の受洗を喜んでくれました。私自身は自分が笑顔になっているとは気がつきませんでした。笑顔を作ろうと考えてもいませんでした。そんな私ですが、イエスこそ私の救い主、また導き手でいて下さるお方ということを、心を打ちのめすほどの大きな衝撃をもって味わいました。その事が、洗礼を受けるきっかけであり、決め手になりました。この事こそが福音の本領だと信じる者であります。それから今日に至るまで「キリスト者だからこういう生き方をしなければ」・「キリスト者らしく」ということを意識したことは無いと思います。

キリスト者に与えられている生き方

「福音にふさわしく生きる」という言葉は「福音に値する生き方」と表すことも出来ます。それは「何が出来、何が出来ないか」を問いません。また「どのように生きているか」も問いません。ただあなたが「存在している(居る)」ということだけが、神にとって大切なことであり、神との関わりの根幹なのです。存在を無条件に肯定されていることにこそ、何にも勝る喜びがあります。その喜びに応える生き方でありたいと願っています。具体的に言葉で表すなら、私の場合、「小さき者を覚えて下さり、いつも受け入れて下さっていることを感謝します」といった思いの祈りです。当時の私には、いわゆる「キリスト者らしく生きようとする姿」の中に、喜びを感じることが出来なかったのです。しかし、「まことの光（ヨハ1・9）」=

イエス・キリストを受け入れた瞬間、「こうでなくてはならない」から「あるがままでいい」＝自己肯定の喜びの生活に変えられたのです。

喜びを知る

では、誰が「福音にふさわしい生き方」をする者なのでしょうか。「そのままで神に受け入れられている」ことを知る者たちではないでしょうか。ルカによる福音書の一五章に「放蕩息子」のたとえ話があります。そこには、父親から多くのお金をもらい、遠く離れた所で放蕩に身を持ち崩した息子のことが書かれています。彼に対しては誰も関心を払わなくなりました。放蕩の果てに、人間関係を失い、孤立した存在となったのです。彼には、父の下に帰って、「（私を）雇い人の一人にしてください」（19節）という他に道はなかったのです。

父親は、息子が自分の方へ帰って来るのを見た時、自分の方から走り寄り、彼を抱き寄せ、接吻したと書かれています。父である自分を見捨てた息子を、受け入れたのです。そこに戻って、息子としての彼の存在が復活したと言えるでしょう。まさに「存在が肯定される」喜びであります。その喜びをどのようにして表すことが出来るのでしょうか。どうすれば父親の思いに報いることが出来るのでしょうか。父の思いは、雇い人の一人のようになることではなく、子として共にいることを喜んでほしいということであるはずです。そして息子は、「喜びをもって感謝する」他にそれに応える道は無かった―いやそれが、何よりも父の思いに値する生き方であり、本人の喜びであったでしょう。

キリストの福音にふさわしく生きる

「キリストの福音にふさわしく生きる」ことは、日々「神よ、感謝いたします」という思いを表す以外に無いということです。いわゆる「キリスト者らしく生きる」ことが福音にふさわしい生き方ではなく、「神が私を知っていて下さる」という現実を喜び続け、神を賛美することが出来るところにこそ、それはあるのです。最後に伺いますが、あなたは神をどのように受け入れているでしょうか。明快に答えられなくても、神は地上に存在している一人ひとり、また歴史を生きたすべての人に対し、「わたしはあなたの存在そのものを認め、受け入れる神なのだ」と言って下さるのです。

それは、自分の力では神を信じることや呼び求めることが難しい人たち—即ち心に、また知能に、そして様々な形で障害を与えられている人たち—にも、全く同じなのです。何も出来なくてもいいじゃないですか。拙《つたな》い信仰でもいいじゃないですか。それでも神は一人ひとりに対し、「あなた」と呼びかけて下さいます。このことを感謝し、溢れるばかりの思いを持って、神の招きに応えていこうではありませんか。これこそが「キリストの福音にふさわしい生き方」だと申し上げたいのです。神に感謝して歩み出してまいりましょう。

19　モーセの選んだ道

日本ナザレン教団上芦別教会
１９７９年11月４日
ヘブライ人への手紙　11章23～27節

信仰によって、モーセは生まれてから三か月間、両親によって隠されました。その子の美しさを見、王の命令を恐れなかったからです。信仰によって、モーセは成人したとき、ファラオの王女の子と呼ばれることを拒んで、はかない罪の楽しみにふけるよりは、神の民と共に虐待される方を選び、キリストのゆえに受けるあざけりをエジプトの財宝よりまさる富と考えました。与えられる報いに目を向けていたからです。信仰によって、モーセは王の怒りを恐れず、エジプトを立ち去りました。目に見えない方を見ているようにして、耐え忍んでいたからです。

苦難の道も信仰者の道

本日は「モーセの選んだ道」という題で、ヘブライ人への手紙一一章から聞いてまいります。お尋ねしますが、皆さんも「信仰によって、この道を選んだ」という経験がおありでしょうか。パウロは、モーセも信仰者だからこそ神の民と共に歩むという道を選んだと、語っています。その歩みは苦しみを含んだ歩みであることは間違いがありません。人が何か辛い出来事に出会った時、神に助けを求めて叫ぶことはよくあります。そのような中で、モーセは苦しむことを選んだというのです。皆さんはどう思われますか。私はそれを知った時、そういうこともあり得るなと感じました。ただし、この苦しみは自分自身で作り出すものではなく、神が与えた苦しみであったのです。

パウロはフィリピの教会に対し、「キリストのために苦しむことも、恵みとして与えられている」（1・29）と書き送っています。それは、キリストのためだけではなく、信仰の成長のため、また信仰者であり続けるために、苦しむことも、なぜと問いたくなることもお与えになる神だからだと思います。皆さんは、そのような神をどう受け止められるでしょうか。

信仰者に与えられる軛《くびき》

マタイによる福音書の中からもイエスの言葉を聞いてまいります。それは、「重荷を負う者は、だれでもわたしのもとに来なさい。休ませてあげよう」（11・28）です。

私は上芦別に赴任して間もなく、ある方から、「北海道の雪道で車を運転する時には、トランクの中にあえて重い物を入れておくと良いよ」と言われました。この重い物をトランクに入れておくという話とイエスの言葉の間に、相容れないものがあると思います。しかし私は、「あえて重い物を…」には大事な意味があると思わされるのです。仮に私が重い物を持って歩くとします。その時の私は重い物を落とさないように、気をつけながらゆっくりと歩くと思います。間違っても、ルンルン気分でスキップするような足取りではなく、「神がおられるから大丈夫」と言ったような単純なものでもありません。

信仰者としての私たちは、思いもかけず重い課題を背負うこと、背負わされることがあります。しかも逃れることが出来ないことを知らされて負い続けるという、重い課題なのです。それは神がお与えになったとしか言いようがなく、神を礼拝する者はその課題を神からのものとして受け入れ、負い続けること、それが「選ぶ」という言葉で今朝語らせていただいていることです。

信仰者になったら苦しみや忍耐から解放されるというのではなく、そのような時にも神による導き、しかもより確かな導きがあるのです。私たちは苦難に出会った時、苦難から逃れられるように、また守り導いて下さるようにと真剣な思いで祈るでしょう。しかし、そのような祈りが届いていないのではないかと感じることもあるでしょう。その時、皆さんは何と祈りますか。「主よ、この苦難を受け入れる力を、そして乗り越える力をお与え下さい」と祈るのではないでしょうか。それはイエスのゲッセマネの祈りに、より近づく祈りでしょう。神の御心こそが神の求める事柄だからです。モーセは、その信仰に立つことが出来る人として選ばれていたのだと言えます。「わたしを選んだ神だったら、縋《すが》りついていける」という信仰を抱いていたからこそ、神の民と共に苦しむことを心に決めたのです。

詩『あしあと』への思い

私は一つの詩を思い出しています。それは、米国の女性が作った『あしあと』という詩です。内容は、夢の中で一人の人がイエスと共に渚を歩いています。そこには二人の足跡が残されています。しかし、その足跡が途中一人分消えているのです。不思議に思って考えた時、「あの時は、私が辛く大変な時だった」ことを思い起こし、「あの時、私は辛かったのに、あなたはなぜ共にいて下さらなかったのですか？」と尋ねました。その答えは、「いなかったのではなく、あなたの大変な時に、私はあなたを背負って歩いていたのだよ」という内容の詩です。この詩を聞いた方々の多くは感動しておられます。

けれども、私は違った感想を抱いています。一人分の足跡しか無かった時、それはイエスの足跡ではなく、私の足跡であるといいな、と。生意気かも知れませんが、私がイエスを背負うという生き方があってもいいのではないかと思わされるのです。大変な時、辛い時、信仰者として慎重に、しかも一歩一歩を踏みしめながら歩くことが出来るのは、重荷を負っている人自身でしょう。イエスに背負われて行くならば、信仰者としての一歩一歩によって生まれる足跡はなく、いつも守られた受け身の生き方になってしまうのではないかと思わされるからです。

重荷を負って歩むモーセ

モーセは「神の民と共に苦しむことを選んだ」と言う時、それは民と共に祈りながら、神を見つめながら、そして励まし合いながら歩む道であったのではないでしょうか。さらに、日本の格言には「負うた子に教えられ」とあります。川の浅瀬を歩いている時に、背負っている子が足を踏み出す場所を教えてくれる、という意味の言葉のようです。イエスを背負って歩くならば、信仰者として歩む道はここにあるとイエスが教えて下さるのではないか、と期待する格言として私は受け止めています。そのような信仰者の生き方は、間違ってもルンルン気分のものではないでしょう。「わが行く道　いついかに／なるべきかは　つゆ知らねど／主は御心　成し給わん」（新聖歌三〇一）という歌詞の賛美があります。全くその通りで、アーメンと言う他ないのです。

モーセは、神が示した道を選びました。私たちも、キリスト者としての道を決断し選びました。

「感謝」を生きる

本年三月、日本ナザレン教団の教会教育研究所とナザレン神学校が協力して実施した、キリスト教はもちろん、仏教関係など色々な宗教の、信仰歴が三年未満の方々へのアンケート調査がまとめられ、発表されました。その中に、「信仰を持って良かったと感じたことはありますか」という一項目があります。「ある」と答えた比率が一番多かったのはキリスト教信仰の方でした。いわゆる「ご利益《りやく》」を中心に語る宗教もある中で、それが中心として語られているわけではないキリスト教信仰の比率が、なぜ高かったのでしょうか。皆さんはどう思われますか。このアンケートを行った研究所は、キリスト教信仰によって「感謝する」ということを知った方が多いからではないかと分析をしました。その通りだと思わされています。

信仰のゆえに感謝出来る—これはとても大きな喜びではないでしょうか。苦しみや悩み、そして大変さの中に置かれる状況もあるでしょう。しかし、遠慮なく縋ることが出来るのが、聖書が示す、そしてモーセが祈った神なのです。心が軽くなることは良いことですが、重荷を負いながらも一歩一歩踏みしめながら歩む信仰、これがどれほど信仰者にとって大きな恵みになるでしょうか。そのような信仰者の道も恵みと受け止められることを感謝します。幸い私たちには、共に歩んで下さる信仰の仲間や先輩たちもいます。憚《はばか》ることなく神に依り頼み、祈りながら歩んでまいりましょう。

育つ・育てる

20　望みを置くところ

日本ナザレン教団浦和教会
２００８年10月19日
イザヤ書　40章27～31節

ヤコブよ、なぜ言うのか／イスラエルよ、なぜ断言するのか／わたしの道は主に隠されている、と／わたしの裁きは神に忘れられた、と。／あなたは知らないのか、聞いたことはないのか。／主は、とこしえにいます神／地の果てに及ぶすべてのものの造り主。／倦むことなく、疲れることなく／その英知は究めがたい。／疲れた者に力を与え／勢いを失っている者に大きな力を与えられる。／若者も倦み、疲れ、勇士もつまずき倒れようが／主に望みをおく人は新たな力を得／鷲のように翼を張って上る。／走っても弱ることなく、歩いても疲れない。

預言者第二イザヤが受けた言葉

今朝は、イザヤ書四〇章から、御言葉を聞いてまいります。

イザヤ書四〇章～五五章は、第二イザヤと呼ばれる無名の預言者が書いた文書だと言われています。この文書、あるいは言葉は多くの人たちに愛され、好まれています。その理由はいろいろあると思いますが、一つには、慰めが豊かにあるからだろうと私は感じています。代表的な言葉として、「慰めよ、わたしの民を慰めよと　あなたたちの神は言われる」（40・1）と記されています。ここで言う「わたしの民」とは、神を礼拝すべき民でありながら神を礼拝せず、その罰として当時の大国のバビロンへ捕らわれの民として連れて行かれた人々を指しています。その民を「慰めよ」と神は預言者に命じられました。預言者はその命令に「わたしは言う、何と呼びかけたらよいのか」（6節）と問い返します。言い方を変えますと、「何を、どのように語って、彼らを慰めたらよいのでしょうか」と問うのです。それに対し、「わたしたちの神の言葉はとこしえに立つ」（8節）と神は答えられたのです。

神は、「慰めよ、わたしの民を慰めよ」と命じられましたが、ここでいう「慰め」とは、「大変だったね、でも、もう大丈夫だよ」というようなことではなく、「立ち上がらせよ」という力強い意図を持った言葉だったのです。その思いを受け止めた預言者は、「神の言葉はとこしえに立つ」と聞き、イスラエルの民に「神の言葉によって立ち上がりなさい」と語りました。

神の言葉へのイザヤの確信

神は預言の締めくくりとして、「そのように、わたしの口から出るわたしの言葉も／むなしくは、わたしのもとに戻らない。／それはわたしの望むことを成し遂げ／わたしが与えた使命を必ず果たす」（55・11）と語られました。「神の言葉は必ず成し遂げられ、神の命じられたことは必ず果たされる」という神からの宣言なのです。それを預言者である第二イザヤは確信をもって、「神の言葉」にこそ自分たちの、そして、すべての民の望みを置くべきところがあるのだと語るのです。このように、今まで申し上げてきた四〇章一節、八節、五五章一一節を心に留めながら、本日の聖書箇所四〇章二七~三一節に目を向けてまいります。

望みを置くところ

二八節では「神はどのようなお方か」を伝え、二九節では「神は何をなさるお方か」を語っています。そして三〇節では「倦《う》み、疲れ、つまずき倒れる」人を起こす神であると伝えています。さらに三一節では「主に望みをおく人は新たな力を得　鷲のように翼を張って上る。走っても弱ることなく、歩いても疲れない」と語ります。ここには、主に望みを置く人の三つの姿が表わされています。

一つ目は、「翼を張って上る」姿です。これは、勢いのある若者の時期を意味しています。その勢いは、行く手を阻むようなことに出会っても、挑戦意欲をもって前に進むほどの勢いのある姿です。二つ目は、若者のような勢いはないけれども、「走っても弱ることがない」という、自分自身の中に自信と余力をもって事に臨むような姿です。つまり、壮年の時期です。三つ目は、「歩いても疲れない」姿です。それは、経験から得た知恵や洞察力を大切にしながら、自分の力に応じた生き方をしていく、齢《よわい》を重ねた人の時期と言うことが出来ます。

すべての人が同じ道を辿《たど》れると良いのですが、不本意な事から人生の途上で心身に傷を負って、青年期から老年期へと齢を重ねたけれども、思い通りには自己実現出来なかった、という姿があることも知っています。しかし、行くべき道がどのようであったとしても、「神の言葉」が一人ひとりに光を与え、悲しみを乗り越えさせ、辛さを受け止めさせる力となっていくのです。その言葉は、それぞれの時に相応《ふさわ》しいものであり、「神の言葉」として一人の人を支え続けるものであると知らされています。

私を力づけた一言

私に一つの忘れられない感謝すべき出来事があります。私は今、伝道者になって三二年目を過ごしています。この間で幾度か他の教会で説教をする機会を与えられました。その中の一人の方が話して下さったのですが、二〇年ぶりにお目にかかった時に、「二〇年前、私はあなたがなさる説教を聞きました。そして、その時に語られた聖書の言葉を、今も忘れることがありません」と言われたのです。私はとてもと言うよりも、今までで一番の喜びでした。それは、説教で牧師が何を語ったかを覚えておられると言うのではなく、その時語られた「聖書の言葉が今も忘れられません」ということでしたから。「しかも、その言葉が今も私を支えてくれている」とまで言われたのです。伝道者である私にとって、一人の人の生活の中に語られた聖書の言葉がとどまっていることを知らされた時、これほど大きな喜びはないと実感しました。

ヨハネによる福音書は「わたしの言葉にとどまるならば、あなたたちは本当にわたしの弟子である」（8・31）と記していますが、「わたしの言葉にとどまる」という語は、ギリシア語では「イエスの言葉が根を張る」という意味でもあります。先ほどの方の心の内には、聖書の言葉が根を張って、今も生き方を支えているということだと言えます。

神の言葉だからこそ

このような体験はこの方だけのものではなく、皆さんの中にもあることではないでしょうか。繰り返すようですが、「神の言葉」は特定の人にのみ与えられるものではなく、若者も、壮年も、そして齢を重ねた方にも、また、心に傷を負っている方にも与えられていきます。しかも、一人ひとりの生き方を導いていく力と役割をもって語られていくのです。第二イザヤもそのことを実感しているからこそ、思いを込めて語る者になり得たのです。

テモテへの手紙の記者が、「この福音のためにわたしは苦しみを受け、ついに犯罪人のように鎖につながれています。しかし、神の言葉はつながれていません」（Ⅱ2・9）と書きました。この記者はキリスト者ゆえに、迫害の中で苦しみを受けています。しかし、「神の言葉」は彼を活かし、支えているのだと言っています。記者の言う望みの根拠は「神の言葉」にこそあるのだ、と言うことが出来ます。「神の言葉はつながれていません」ということはとても幸いで、力強い言葉ではないでしょうか。「神の言葉」は、聖霊によって自由を与えるものなのです。

第二イザヤは、「主に望みをおく人」と語っています。それは人を活かし、立ち上がらせる「神の言葉」に望みを置いて生きる者という意味です。「神の言葉」こそ、どの時代にも、どの状況の中にも生きており、ある時には光で照らし、ある時には過ちを正し、慰めを与える力があるからです。「神の言葉」に親しみながら歩む私たちとさせていただきたいと願います。

21　子どもと出会ったイエス

京都保育専門学校
１９９５年11月７日
マルコによる福音書　10章13～16節

イエスに触れていただくために、人々が子どもたちを連れて来た。弟子たちはこの人々を叱った。しかし、イエスはこれを見て憤り、弟子たちに言われた。「子どもたちをわたしのところに来させなさい。妨げてはならない。神の国はこのような者たちのものである。はっきり言っておく。子どものように神の国を受け入れる人でなければ、決してそこに入ることはできない。」そして、子どもたちを抱き上げ、手を置いて祝福された。

あいさつ

本日は皆さんと共に、マルコによる福音書一〇章から御言葉を聞くことが出来ることを感謝いたします。また、私どもの教会が併設している保育園に、皆さんの先輩が保育士として勤務して下さっています。皆さんの中にも、私どもの園で保育実習をして下さった方々もおられますので、ここは私にとって身近に感じられる学校です。

子どもたちを迎えたイエス

この聖書の箇所は幾度も聞いておられるでしょう。ですから、「また、あの話か」と思っておられるかも知れません。それでも、イエスの子どもとの関わりを垣間見ることが出来るように願って語らせていただきます。

私はいつも、聖書が育児書として有益な書であると感じております。もちろん、それは子どもの生活に関わる面ではなく、「子どもと向き合う姿勢」ということにおいて、そうだと思っております。そこで、皆さんに一つ問いかけます。今読んでいただいた箇所の中では、子どもたちがイエスの所に来ています。その子どもたちは、喜んで来ているでしょうか、それとも、親が無理やり連れて来たので嫌がっているでしょうか。これが正解というものは無いでしょう。けれども私は、子どもたちは喜んで来ていると思っています。それだけの魅力を持っておられたお方ではないかと期待と共に推測しています。

私が心がけていること

私が心がけていることを、少しだけ申し上げます。実習生は実習を始める前に、私どもの園に挨拶に来て下さいます。私が園にいる時は、笑顔で学生さんを迎えたいと願っています。必ず玄関でその学生さんたちを迎えることにしています。実習の打ち合わせが主ですので、主任保育士が対応するのですが、私が必ず「

私は皆さんを笑顔で迎えていましたか。そうではなかったですか」と尋ねます。そして間髪を入れずに、「笑顔で迎えていたと思います」と私の方から申し上げることにしています。なぜかお分かりでしょうか。続けて、「私が怒った顔で、皆さんを迎えたらどうでしょうか」と、さらに尋ねます。おそらく学生さんは戸惑って、「来なければよかったのかな」とか、「何か怒らせるようなことをしただろうか」等と考えるかも知れません。そこで私は、「子どもたちは、皆さんが笑顔で接してくれるのを待っているのです。怒った顔だと、子どもは近づいてくれません」と申し上げることにしています。

イエスの顔

イエスの話に戻ります。その顔は、子どもが安心して近づける顔だったのではないかと私は思っているのです。実は、聖書の記述を見ますと、これより前の箇所にイエスの死と復活のことが語られています。マルコによる福音書八章の終わりの箇所で、また九章三〇節においても、御自身の死と復活のことを弟子たちに語っておられます。ですから、この頃、心の内には死がのしかかっていたことが分かります。「死」しかも「殺される」ということをあえて受け入れられた日々の中でも、子どもたちと接しているのです。どういう心境だったのでしょう。そして、その思いは顔や態度に表れていなかったのでしょうか。御自身の死ということが大きなこととなっている時でも、子どもたちにとって近づきやすい雰囲気を漂わせていたのです。イエスにとっても、子どもたちと過ごしていることがかけがえのない喜びだったのでしょう。先ほど、「子どもたちは、皆さんの笑顔を待っている」と申し上げました。皆さんも、色々なことをこれから味わっていかれる中で、心が重くなることもあるかも知れません。しかし、子どもと接することが、このイエスのように何よりの喜びであってほしいと願います。

笑顔を助ける行為

それと共に、イエスは「手当」という行為をなさいました。これはまさに「手を当てる」ということです。ルカによる福音書には、「重い皮膚病の人」にイエスが手を触れて、病気を癒したこと（5・13）が書かれています。この「触れる」という言葉は、実は「灯す」とも訳されます。重い皮膚病の人に手を伸ばして触れた時、その病気が癒されたのですが、実は心の内にも温かいものが灯ったと考えることが出来るのではないでしょうか。

作家の遠藤周作さんの体験を紹介します。結核で何度か入院され、手術を受けた時のことです。術後、夜中に傷口が痛くなり、思わず看護師さんを呼び、痛みがあることを告げた時、看護師さんがしばらくの間、背中をやさしく撫でてくれたのです。その時には、何となく痛みが消えたような感じがしていたと書いています。まさに、看護師さんの手に表れたやさしい思いが痛みを和らげたのでしょう。皆さんの手を通して表れる心が、子どもたちの傷の痛みや心の痛みを和らげる手立てとなるという手本ではないでしょうか。

言葉で抱きしめる

イエスが手当てをなさっている時、手を動かしておられるだけではなく、口も動かしておられたのではないかとも思っています。園の子どもたちは、これから寒くなっていく中を元気で通って来ることでしょう。そのような子どもたちを見た時、「寒かったねえ」とか、手を握って「うわあ、手が冷たいね」と保育士たちは声をかけたりすると思います。子どもが元気のなさそうな時には、「悲しいことがあったの?」と声をかけ、背中をさすってあげたりもするでしょう。いわゆる言葉がけです。私はそのことを「言葉で抱きしめる」という言い方をします。これらのことは、保育士を目指す皆さんにとっては当たり前のことで、私が申し上げること自体が失礼なのかも知れません。

昨今、子育てで悩んでいる保護者の方が多くおられることを実感させられています。そのような時、教会がなんとか子育てのお手伝いが出来るようにと願っています。そして、子育てにとって良い知恵や学ぶことがたくさん詰まっている聖書が、教会には与えられています。子育てに関わろうとしている方たちを、教会は支えなければならないことも感じています。子どもたちが日々笑顔で過ごせるように、教会も持てる力を尽くして歩んでまいります。神様が、これからの皆さんの学びと働きを豊かに祝福して下さいますように。

22　イエスを育てた知恵

日本ナザレン教団関東地区壮年会・女性会
２０１２年９月24日
ルカによる福音書　２章39～40節

親子は主の律法で定められたことをみな終えたので、自分たちの町であるガリラヤのナザレに帰った。幼子はたくましく育ち、知恵に満ち、神の恵みに包まれていた。

ナザレ人イエスの教会

この度は、関東地区の壮年会と女性会の合同の集まりにおいて、語る機会を与えて下さり感謝いたします。三三年振りに関東地区に遣わされてまいりましたが、この間で感じさせられたことを通して、皆さんとナザレン教会の一員であることの喜びを共有したいと願っております。

御存じのように、ナザレ人イエスを主と信じ告白する私たちですが、これはナザレン教会独自のものではなく、キリスト教ならばどの教会も同じ信仰を抱いています。その中であえてナザレン教会というのですから、そのことを大切に受け止めたいと願っております。

イエスの「上からの知恵」

ルカによる福音書はナザレ人イエスを、「知恵に満ち」（2・40）と記述しています。その「知恵」とは、二つの知恵のことだと思います。一つ目は、ヤコブの手紙にあるように「上からの知恵」（1・5、3・17）です。これは具体的には、「神の言葉」と言うことが出来ます。イエスは両親を通して、また安息日ごとに会堂に行って、神の言葉である聖書の解き明かしを聞いて育ったお方でしょう。まさに、「上からの知恵」で育ったお方です。

イエスの「生活の知恵」

それだけではなく、「社会生活」の中で育てられたお方だと知る必要があります。これが、二つ目の「生活の知恵」です。おそらく、イエスが育ったナザレという村は小さな村だったと想像されます。例えば、ヨハネによる福音書でナタナエルが、「ナザレから何か良いものが出るだろうか」（1・46）と語っています。しかし、豊かな人間関係や自然との関係があり、その中で育てられたということではないでしょうか。

そのような中で「生活の知恵」は生まれ、育《はぐく》まれていったに違いありません。

関わりは言葉から

アメリカの牧師でロバート・リー・フルガム（Robert Lee Fulghum　1937～）という方が、「人生に必要な知恵はすべて、幼稚園の砂場で学んだ」という書物を出しています。今から二十数年前に日本でもベスト・セラーになった本ですので、お読みになった方もおられるかと思われます。フルガム氏が伝えていることを少し紹介してまいります。

「幼稚園の砂場」ということに大きな意味があります。そこには、同世代の子どもたちが集まっています。そして今日的に言いますと、お砂場セットと呼ばれるものが準備されていたでしょう。そのような環境の中で、子どもたちはどのように遊ぶかということに関心を持って見ていますと、子どもたちが言葉を介して、色々な人間関係を作っていく様子が分かります。友達が使っているシャベルやバケツを自分も使いたい時、ある子は「使ってもいい?」と尋ね、ある子は友達が使っている物を奪うように取ってしまうことがあります。後者の場合、多くは喧嘩になったりするのですが、そこに大人が介入して、「終わったら貸してね」、または「一緒にしよう」等という言葉を教えて、人間関係や知恵を身につけることが出来ると彼は書いています。

他の場面では、何かを一緒に作り上げたりするでしょう。その時、「何を作ろうか」と相談したり、一緒に考えるということ等がなされます。それは、想像力を生み出す一助にもなっていくだろうと考えます。他にも言葉や人間関係の多くが、砂場での遊びの中から生み出されていき、見つけ出されていきます。そして、それらのすべてと言ってよいほどに、「言葉」がそこには介在しております。フルガム氏は、「言葉」こそが人間関係を育て、作り上げる大切な要素であることを伝えているのです。これは、大きな町でもナザレのような小さな村でも同じことが起こり、言葉をもって関わり合う人間関係こそが、人間として必要な知恵を育てるということを伝えたのです。

「言葉」を語ることが出来、聞くことが出来ることは、人間の知恵を育てるだけではなく、人間同士の関係を豊かにすることにも繋《つな》がっていくと思わされます。そして、言葉を交わせば交わすほど、相手の方の思いを受け入れるきっかけも増えていくでしょう。イエスというお方は、そのような知恵を身につけて成長なさったのです。

知恵は教会にも与えられている

聖書が伝えるイエスを育てたこの「二つの知恵」は、イエス御自身だけに与えられたものなのでしょうか。そうではないでしょう。今日においてもそれは存在しているものでしょう。いや、教会にも「二つの知恵」が間違いなく存在していると言えます。「上からの知恵」を私たちは聖書によって、また、礼拝時の説教を通して与えられていきます。御存じのように、この「上からの知恵」には聖霊の働きが常に伴っています。ですから、この点について私たちに出来ることがあるとすれば、「御言葉を聞かせて下さい」と祈ることと、聖霊によって「私に分かるようにお語り下さい」という祈りを献げることです。

また、使徒信条は、「聖徒の交わり」という言葉をもって表現していますが、信徒の交わりの尊さ・大切さを伝えています。まさにそこに、「生活の知恵」の分かち合いが成り立っていくということです。私自身は、小さな規模の教会で牧師をさせていただいてまいりました。信徒の交わりという面で、極めて小規模な関わりであったかも知れません。しかし、交わりは確かにありました。それと共に、地区においての壮年会・女性会の交わりに加わることによっても、人間同士が作り上げていく関わり、そして、「生活の知恵」というものに多く出会うことが許されました。私の信仰と信念として、教会こそが、この「知恵」を育て、身につけさせる場であると思わずにはおれません。

「上からの知恵」から得る慰めと励ましはもちろん大切ですが、信徒の方たちの中で出来上がっていく交わりがとても大きな励ましを与え、慰めを与えていくのです。今、「信徒の交わり」を持てることの幸いを、私自身が深く味わっております。どうかこれからも、この交わりを皆さんが大切にして下さるように願います。このように私たちには、「二つの知恵」が与えられているのですから、それらを築き上げていくことの豊かさと共に、分かち合う喜びをも次世代に託していく必要があります。

そのためにも、本日の交わりが祝福されるようにと心から祈らせていただきます。

23　求められた献げもの

日本ナザレン教団米子教会
２００９年11月22日
ヨハネによる福音書　６章１〜15節

その後、イエスはガリラヤ湖、すなわちティベリアス湖の向こう岸に渡られた。大勢の群衆が後を追った。イエスが病人たちになさったしるしを見たからである。イエスは山に登り、弟子たちと一緒にそこにお座りになった。ユダヤ人の祭りである過越祭が近づいていた。イエスは目を上げ、大勢の群衆が御自分の方へ来るのを見て、フィリポに、「この人たちに食べさせるには、どこでパンを買えばよいだろうか」と言われたが、こう言ったのはフィリポを試みるためであって、御自分では何をしようとしているか知っておられたのである。フィリポは、「めいめいが少しずつ食べるためにも、二百デナリオン分のパンでは足りないでしょう」と答えた。弟子の一人で、シモン・ペトロの兄弟アンデレが、イエスに言った。「ここに大麦のパン五つと魚二匹とを持っている少年がいます。けれども、こんなに大勢の人では、何の役にも立たないでしょう。」イエスは、「人々を座らせなさい」と言われた。そこには草がたくさん生えていた。男たちはそこに座ったが、その数はおよそ五千人であった。さて、イエスはパンを取り、感謝の祈りを唱えてから、座っている人々に分け与えられた。また、魚も同じようにして、欲しいだけ分け与えられた。人々が満腹したとき、イエスは弟子たちに、「少しも無駄にならないように、残ったパンの屑を集めなさい」と言われた。集めると、人々が五つの大麦パンを食べて、なお残ったパンの屑で、十二の籠がいっぱいになった。そこで、人々はイエスのなさったしるしを見て、「まさにこの人こそ、世に来られる預言者である」と言った。イエスは、人々が来て、自分を王にするために連れて行こうとしているのを知り、ひとりでまた山に退かれた。

献げものについて

本日は、献げることの喜びを感じていただけるように、と願いながら語らせていただきます。日本には色々な宗教がありますが、多くが秋には実りを感謝して祭りを行っています。その時には、収穫したものの一部を奉納するという行為も行われているようです。聖書、特に旧約聖書においても、収穫したものを神に献げる行為が数多く記されています。代表的な記事としては、創世記四章のカインとアベルによる献げものの物語でしょう。

求められた献げもの

本日の聖書箇所ヨハネによる福音書六章一～一五節も、「献げる」ことに関しての記述です。イエスはおそらく時間を忘れるほどの熱心さで説教をなさっていたのでしょう。時間がどんどん過ぎて、食事をしなければならない時を迎えました。そこには五千人を超える人々がいたので、近くでは到底食物を調達出来なかったと思われます。その中に一人の少年がいて、彼ただ一人が食べ物を持参していたようです。そのことがイエスの弟子たちに分かった時、そこに集まっている人々のために、持っていた五つのパンと二匹の魚を献げることを求められたのです。

この少年の立場になって気持ちを推測してみて下さい。全く知らない人々のために、自分の食物を喜んで提供するでしょうか。しかもこんなに多くの人がいて、自分の持っているものだけでどれ程の役に立つのか、と思ったのではないでしょうか。それでも、喜んで献げたのでしょうか。私はそうは思えないのです。もしかすると、「自分のために家族がせっかく準備してくれたのに」と考えたかも知れません。

しかし、彼は弟子たちの求めに応じ、パンと魚を差し出しています。

イエスが献げたもの

ここでヨハネ福音書が伝えようと願ったのは、イエスが受けた苦しみなのです。四節を見ますと「過越祭が近づいていた」とあります。「イエスの死」を意識して六章は書かれていることが分かります。読み進みますと、「わたしが命のパンである」（35節）と語られているからです。その体が十字架で引き裂かれることを意味しています。十字架の死を喜んで受けてはおられないことは、そこに架かられる前の晩のゲッセマネの園の祈りによって分かります。「この杯をわたしから取りのけてください」（マコ14・36、ルカ22・42）と苦しみの中で祈られたのです。しかし、この祈りはついに聞かれませんでした。イエスは苦しみの中で十字架に架かり、「わが神、わが神、なぜわたしをお見捨てになったのですか」（マタ27・46、マコ15・34）と叫びながら息を引き取ったのです。そこに、喜びの姿を見出すことは出来るでしょうか。先ほど申し上げた少年の思いにも喜びはなかっただろうと思います。そして私は六章を通して、イエスの十字架の死も喜びを以《も》ってなされたのではないと思わずにはおられないのです。

献げものを神が用いて下さる

それにもかかわらず、神にとってイエスの十字架の死は欠かせないことでありました。神が必要とされたのです。少年自身は献げることの意味に気づいてはいなかったようですが、多くの民のために必要とされる献げものだったのです。

私たちにも献げることが求められています。それは献金であったり、時間であったり、賜物であったりします。それらのすべてを喜びを以って献げることが出来たら幸いです。しかし、苦痛を伴うこともあります。そのような中で願うのは、自分の、あるいは家族の生活を壊してまで献げることがないようにということです。献げたいけれども献げられない時もあると思います。そのような時、私たちに出来るのは、教会に必要が満たされるようにと祈ることなのです。聖書には、少年の献げたものをイエスが祝福し人々に分け与えた後、そのパン屑で「十二の籠がいっぱいになった」と書かれています。これには少年も弟子たちも、そしてそこにいる人々も、皆驚いたに違いありません。しかし、イエスの祝福とはそのようなものなのです。

十二の籠がいっぱいになったパン屑とは何でしょうか。それは、パンを必要とする多くの人たちに、なお伝え続けることが出来る「福音」を意味しているのではないでしょうか。一人ひとりの小さな献げものが祝福された時、神の業となって後々にまで用いられ、必要とされていく「神の恵み」そのものと言っても良いでしょう。イエスの死が、世界中の、そして後の世の人たちの救いの根源となったように、私たちの献げものも、これからの時代にあって神の業が広がっていくために用いられると信じます。

イエス御自身も、そして少年も喜んで献げたとは思えませんが、そこに祈りと祝福が加えられる時、大きな喜びが起こり、世界中に、そして歴史を超えてどの時代にも必要なものとされていくことを知ることが出来ます。私たちの献げるものは拙《つたな》いかも知れません。しかし神が受け入れて下さった時、私たちも、そして間違いなくその少年も、その喜びを味わうことが出来る仲間として招かれているのではないでしょうか。神の祝福の業に共に招かれていることを感謝したいと思います。今は献げることにたたかいがあっても、精一杯の思いを以って献げていきたいと願います。そこに神の働きが起こされるのです。

24　私たちの信仰

日本ナザレン教団八幡教会
２０２０年9月27日
ヘブライ人への手紙　12章1～6節

　こういうわけで、わたしたちもまた、このようにおびただしい証人の群れに囲まれている以上、すべての重荷や絡みつく罪をかなぐり捨てて、自分に定められている競走を忍耐強く走り抜こうではありませんか、信仰の創始者また完成者であるイエスを見つめながら。このイエスは、御自身の前にある喜びを捨て、恥をもいとわないで十字架の死を耐え忍び、神の玉座の右にお座りになったのです。あなたがたが、気力を失い疲れ果ててしまわないように、御自分に対する罪人たちのこのような反抗を忍耐された方のことを、よく考えなさい。

　あなたがたはまだ、罪と戦って血を流すまで抵抗したことがありません。また、子供たちに対するようにあなたがたに話されている次の勧告を忘れています。「わが子よ、主の鍛錬を軽んじてはいけない。／主から懲らしめられても、／力を落としてはいけない。／なぜなら、主は愛する者を鍛え、／子として受け入れる者を皆、／鞭打たれるからである。」

「私たち」とは

本日は、「私たちの信仰」という題を与えられています。「私たち」と言う時、それは一番目に、今ここで礼拝を捧げる私たちのことです。二番目は、すべての地域にあって、使徒信条を信仰告白の中心に置いて歩んでいるキリストの教会。三番目は、イエスの弟子たちの時代から今日に至るまでの、すべての教会とキリスト者たち。これらの人たちは、みんな信仰の「仲間・先輩」であり、「おびただしい証人の群れに囲まれている」（12・1）とヘブライ人への手紙の記者が表現し、イエスこそ生きるための力であることを味わってきた人たちであります。さらに四番目は、これからキリスト者となっていく方々も「私たち」なのです。

次世代の「私たち」

そして今、私たちが心に留めておかなければならないのは、四番目の「私たち」のことであります。それは別の言い方をしますと、これからの「私たち」への信仰継承の課題、即ち次世代のキリスト者をどう育てるかと言うことです。こういう言葉があります。「人は育てられたように育つ」という言葉です。ここでお伺いします。皆さんはどのようにして、キリスト者へと育てられたでしょうか。この書の中で記者は、「信仰の創始者また完成者であるイエスを見つめながら」と書きました。これからキリスト者となっていく人たちを私たちがどのように育てていくかが問われる言葉でもあると思います。

私の中に、人を「育てる」と言う時、二つの言葉が浮かんでまいります。一つは、「手塩にかけて育てる」、もう一つは、「背中を見て育つ」ということです。「手塩にかける」ということは、信仰継承においては、聖書教育や個人伝道に重きを置くと言ってよいでしょう。正直に申しますと、そのどちらも、私自身が行うことに対しては苦手意識を持っています。しかし、教会はこのことを大切に受け継ぎ、行ってきていると思います。

当たり前のことを知らせて下さる神

二番目の「背中を見て育つ」ということは、キリスト者がどのように生きているかということです。

これに関し、私ども家族が体験したことを通してお話しします。それは八年前、教団からの命により松江教会から藤沢教会へ転任した日のことです。当時、私は車の運転をしておりましたので、家族三人で車で松江から藤沢まで移動しました。とても激しい雨と風の中の移動でした。そんな中で、車の速度を落として、ライトを点けて走っていました。前の車も後ろの車も見えるような状況ではありませんでした。しかし、後ろの車が絶えず私の車を追い抜いていくので、その後ろに付いていこうと必死になりましたが、すぐ見えなくなってしまいました。

そのようなことを繰り返しながら走っている内に、「信仰継承」ということを考えさせられました。具体的に申しますと、前に行く車を見失ってしまったならば危ない、しっかり見ていないといけない、ということです。

しかし、それだけならあえて語る必要はないことでしょう。大事なのは、私がしっかりと走らなければ後ろの車が困ると強く思わされたのです。それは伝道者としての私の責任であり、私に与えられていた生活の姿でもありました。

出来るのは祈ることだけ

私に与えられている実際の生活と信仰とが、どう関わっているのか。そこには、無事に新任地へ行くことが出来るように、との祈りしかありません。その時の私にとって、ただ神からの守りがあるようにと祈るばかりでした。そのような中で、私の生活の全てに神の守りと支えが必要なのだということを実感させられたのです。

おそらく、私にも何かのための能力はあるでしょう。しかし、その能力が良い形で発揮されるためには、正しい目的と、そこに向かわせる思いが欠かせないことを感じます。それらの源泉は、私の内から出てくるものではありません。悪天候の中で運転をしながら、更に思わされたのは、今まで守られてきたこと、新しい任地へ遣わされること、そして今、運転に必死になっている私に出来ること、それらのすべては「信仰の支え」と「祈り」によるものではないか、ということだったのです。信仰が私の日々の生活を支え、導き、励ましているのだと思わざるを得ませんでした。

イエスを見つめながら

その信仰の具体的な形は、私にとってイエスを「見つめること」なのです。口では、このように綺麗なことを語っていますが、現実には弱さを始めとして、顔を上げることが出来ないようなことを行いながら、生きているように思います。それでも、イエスを見つめていく道を神が与えて下さっているのです。イエスを「見つめること」の具体的な形は、聖書と聖霊を通しての御言葉との交わりであり、主日礼拝ごとの聖書からのメッセージに養われることです。

そのような中で、次世代の人々には、私の信仰者としての背中はどのように見えているのでしょうか。もちろん、私には分かっておりません。けれども、弱さの中で、また力不足の中でも、神に縋《すが》って生きることを神が受け入れて下さっている、というところが見えているならば幸いです。信仰とは格好の良いことを行うことでも、気取ることでもなく、信仰者らしく振舞うことでもありません。弱さの中で、ある時には不安を抱えている中で、そして神を神と呼んでもいいのだろうかと感じる中でも、「神よ！」と叫ぶことが出来るのが、信仰者の真の姿なのだと申し上げたいのです。どんな中にあっても、「イエスを見つめ続ける」ことが信仰者の姿であります。信仰の先輩たちが、そして仲間たちが、そうであったことを思わずにはおられません。そのことが信仰者としての私を支えています。

格好をつけない、強がらない信仰者として生きることが出来る幸いを、皆さんと共に分かち合いながら歩んでまいりたいと願います。

世に置かれている教会

25　信仰者の在り方

日本ナザレン教団飯塚教会
２０１９年10月13日
箴言　20章12節

聞く耳、見る目、主がこの両方を造られた。

本日は、ナザレン教会が設立されたことを記念する「ナザレン日」と呼んでいる主日です。ナザレン教会は「聖化」を主唱し、キリストの弟子となることを目指して、日々歩んで行くことを願っています。このことを覚えて、御言葉に聞き、礼拝を捧げてまいります。

聞く耳・見る目

今回与えられている箴言二〇章一二節を通して、「キリスト者は、どのように生きていくことが望ましいのか」聞きたいと願っています。「聞く耳、見る目、主がこの両方を造られた」と書かれています。

箴言の記者は単に、「耳」そして「目」という言い方ではなく、「聞く耳」と「見る目」と書いています。そのことによって、神は私たち人間に、「聞く」こと、「見る」ことを願っておられるということが分かります。では、何を「聞いてほしい」のでしょうか、「見てほしい」のでしょうか。私たちキリスト者は、「どうぞお話しください。僕は聞いております」（サム上３・10）と祈ります。この祈りによって、神の言葉に耳を傾ける思いを明らかにします。キリスト者である私たちが、「神の言葉」を聞くことはとても大切なことです。神も、私たちが神の言葉に耳を傾けることを、喜んで下さっているでしょう。

しかし、神はそのために「聞く耳」をお造りになったのでしょうか。キリスト者は神の言葉を聞いていれば、それで良いのでしょうか。そうではないでしょう。一つの讃美歌を紹介いたします。

呼ばれています　いつも、
聞こえていますか　いつも。
はるかなとおい声だから、
よい耳を　よい耳を持たなければ。

（讃美歌第二編83番）

という歌詞です。「はるかなとおい声」とは、訴えても、だれにも聞き入れてもらえない声、そして、人には気づいてもらえない声のことです。こういうことが起こっている中で、神の言葉を聞く者は、声にならない声やだれも聞いてくれない言葉を聞く耳を持つようにと神が「聞く耳」をお与え下さった、と箴言の記者は言うのです。

また、「見る目」とも書いています。神は何を見ることを求めておられるのでしょうか。私たちは人間ですから、神が「これを見なさい」と言っておられることを知ることは難しいでしょう。けれども、思い起こしたいことがあります。ヨハネによる福音書四章三五節です。「あなたがたは、『刈り入れまでまだ四か月もある』と言っているではないか。わたしは言っておく。目を上げて畑を見るがよい。色づいて刈り入れを待っている」というイエスの言葉です。「目を上げて畑を見るがよい」と仰《おっしゃ》いました。その畑には様々なことが起こっています。そこには嬉しいこと、喜ばしいことが起こっているでしょう。

しかし、涙すること、苦しいこと、さらには、声にならない声を発している人もいるかも知れません。人が人として受け止められていない現実もあります。そういう一つひとつ、そして一人ひとりを「見なさい」、そのようなことを「見る目」を持ちなさい、と主イエスは語ったのです。箴言の記者も、そのようなことが出来る「目」を神がお造りになったのだ、と書いているのです。私たちの「目」は、そのように見ているでしょうか。

聞くこと・見ることによって生まれるもの

私は少しだけ、保育に関わった経験があるのですが、ある時、こういう光景を見ました。それは、いつもは笑顔で園の門を入ってくる子なのですが、その日は下を向いて親の手を握ったまま、建物に入ってこようとしないのです。その様子を見た保育士は、「何か悲しいことがあったの?」と声をかけました。これは一つの例ですが、保育の場に居ると沢山の光景に出会います。そして、保育士たちが、子どもたちをいかによく見ているかと、私は感心させられていました。よく見ているからこそ、その場に合った、そして子どもにとって必要な言葉をかけることが出来るのだと、いつも教えられていました。

「見る」ということは、関心を持っているということです。声なき声を聞くことが出来るのも、関心の表れなのです。そのような「目と耳」を私たちは持っているのでしょうか。また、どこまで「聞く耳・見る目」の働きを発揮出来るのでしょうか。

生きているキリストが行われること

しかし、イエス・キリストは違います。イエス・キリストはお出来になるのです。的確に行い得るのはイエス・キリストだけです。パウロは、ガラテヤの信徒への手紙二章二〇節にこう書いています。「生きているのは、もはやわたしではありません。キリストがわたしの内に生きておられるのです。わたしが今、肉において生きているのは、わたしを愛し、わたしのために身を献げられた神の子に対する信仰によるものです。」

この言葉が私に問いかけるのです。そして同じことを、私から皆さんにも問いかけたいのです。一つ目は、「キリストがあなたの内に生きておられるか」ということです。二つ目は、「あなたの内にいるキリストは何を見ているか、何を聞いているか」であり、三つ目は、「キリストの見ていること、聞いていることを、あなたも見、聞いているか」ということです。いかがでしょうか。

今日のナザレ人として生きよう

先ほど申し上げましたように、本日はナザレン日です。ナザレン教会が主唱することは「聖化」です。「聖化」とは、「キリストが私の内に生きておられる」ことを求め続けることだ、と語り伝えられてまいりました。私もその通りだと受け止めています。

今の時代に、キリストは何を見ているでしょうか。まだまだ人権が軽んじられている社会を見ておられるのではないでしょうか。格差社会を見ておられるのではないでしょうか。私たちもそれらを見、そこで叫ばれている声にならない声や呻きを、キリストのように聞く必要があるのではないでしょうか。「キリストの弟子になる」ことを求めているナザレン教会の私たちの使命は、キリストが社会におられる人を一人も見逃さなかった姿に倣《なら》い、発言し行動していくことであると考えます。

イエスは社会の不正義に対し怒りました。人権を損なわれている人たちと共にいることを選びました。そのことを私たちも願うことが、「聖化」を主唱する私たちの在り方、キリスト者の在り方だと思わされます。確かに、私たちは弱いものです。しかし、神は聖霊を遣わして下さり、神の御心のために私たちを助け、用いて下さるお方です。隣人への関心や想像力と共に、神が与えて下さった「見る目・聞く耳」を働かせることが出来る教会とされることを祈ります。

26　感じる心

日本ナザレン教団上芦別教会
２０１２年８月26日
マタイによる福音書　５章13〜16節

「あなたがたは地の塩である。だが、塩に塩気がなくなれば、その塩は何によって塩味が付けられよう。もはや、何の役にも立たず、外に投げ捨てられ、人々に踏みつけられるだけである。あなたがたは世の光である。山の上にある町は、隠れることができない。また、ともし火をともして升の下に置く者はいない。燭台の上に置く。そうすれば、家の中のものすべてを照らすのである。そのように、あなたがたの光を人々の前に輝かしなさい。人々が、あなたがたの立派な行いを見て、あなたがたの天の父をあがめるようになるためである。」

懐かしい教会

上芦別教会を離れて三一年が経ちました。本日もう一度この場に立つことが出来、心から嬉しく思っております。懐かしい方々だけではなく、はじめてお目にかかる方々がおられることも嬉しく思います。さらにはナザレンの他の教会からもお越し下さっているのを見て、この教会が地域にも、ナザレン教会の方たちにも大切にされている教会であることを嬉しく思うと共に、私も祈りを新しくしてまいりたいと心しております。

「地の塩」としての教会

上芦別教会について思わされていることは、「地の塩」として生きている教会だということです。「地の塩」という時、それは町の中に溶け込んでいる教会という意味であります。塩はもともと溶けなければ、その味や役割を発揮することが出来ません。そして、溶けるためには他の何かと触れ合う必要があります。私たちも誰かと心を触れ合わせ、時を共有することによって、「地の塩」となることが出来るのです。

イエスが「あなたがたは地の塩」（マタ５・13）と語られた時、「あなたがた」と呼ばれた人たちは、出会う人たちの喜びや心の温かさ、また苦悩や寂しさを感じ取ることが出来るということです。イエスというお方の在り方がそうでした。

罪深い女性に関しての記述を通して知ること

ルカによる福音書七章の「罪深い女」と、その時イエスと食事をしていた人たちに関する記述を通して、「地の塩」の意味を考えてまいります。

イエスがファリサイ派の人の家に招かれて、共に食事をしている場面が書かれています。ファリサイ派というのは、生活において、また信仰において、規律正しく生活していることを自負する人たちです。その中に、「罪深い女」と言われている人が入り込んで来て、いきなり涙でイエスの足を濡らし、自分の髪の毛で拭って、イエスの足に接吻し、香油を塗ったと記述されています。

香油は高価なものでした。今日的には三五〇ミリリットル缶の量で、一年分の生活費ほどのものだと言われています。

「罪深い」ということは、人々から疎外される存在なのです。そのような女性が、高価な香油をなぜイエスに注いだのでしょうか。聖書の記述では、イエスとこの女性にはそれまで何の接点も見当たりません。それにもかかわらず罪深い女がイエスの下に来たのは、イエスが罪人《つみびと》や徴税人たちと共に食事をしていたということにあると考えられます（ルカ５・29〜30、７・34、19・１〜10など）。罪人たちと食事をしているイエスを、世の人々は蔑《さげす》んだり、馬鹿にして見ています。でも、イエスと彼らとの食事はおそらく楽しかったのではないでしょうか。罪人と言われる人たちとも楽しく会話が出来るお方だったと思います。彼らの語る話を理解し、言葉の裏にある心の痛みを感じ取り、罪人たちに分かる言葉で語ることが出来たのでしょう。それがイエスの在り方であり、「地の塩」と呼ぶ生き方なのです。

罪人たちとイエスとの食事風景を見ていたのが、先ほどの罪深い女と呼ばれる人ではなかったでしょうか。彼女はその姿を見て、「あの方だったら私を受け入れて下さる。あの方だったら私の心を理解して下さる」という思いでイエスに近づき、大切な香油を惜しげもなく注いだのでしょう。

医者を必要とするのは病人

イエスと罪人たちとの食事の姿は、マタイによる福音書九章にも記述されています。さらには、「医者を必要とするのは、丈夫な人ではなく病人である」と続きます。この言葉を通して、皆さんに問いかけてまいります。病人に医者は必要ですが、医者ならば誰でも良いのでしょうか。皆さんが医者を選ぶ時、何を基準に選んでおられるでしょう。おそらく「良い医者」という評判が、選びの大きな基準になっているのではないでしょうか。

ファリサイ派などから罪人と呼ばれ、社会から疎外される徴税人たち、遊女たち—彼らとイエスは楽し気に食事をします。彼らがその言葉によって立ち上っていく姿を「罪深い女」が見た時、「この方は私にとって良い医者となって下さる」と確信したのだと思います。まさにイエスは、このような罪人たちの心に溶け込む「地の塩」なのです。だからこそ、彼らに最も適切な言葉を語られたのではないでしょうか。その一部始終を見て、「罪深い女」は「この方にすべてを賭けよう」と決意して近づき、香油を注いだと考えることが出来ます。イエスは、誰が近づいても受け入れて下さり、孤独の中にいる人を見つけたら、御自身から関わっていくお方なのではないでしょうか。彼らに語る言葉を知っており、何をどのように語るべきかをも知っておられたのです。それは彼らの隣に立ち続けるお方だったからです。まさに「インマヌエル（神は私たちと共におられる）」の姿そのものであります。

「地の塩」である上菅別教会

私は、この教会が「地の塩」として生きていることを知っています。私の在任中、地域の方々と皆さんが、喜びを喜びとして、また悲しみを悲しみとして共に仲間として味わっているのを見ていたからです。だからこそ、必要な方に必要な言葉をかけたり、手を差し伸べたりという行為が、自然な形でなされていたのだと思います。周囲の方々の一人ひとりが、笑顔でいてくれることを願って対応しておられました。まさに、人々と「共にいる」在り方です。そのお陰で、私も家族も、ここの多くの方々と言葉を交わす機会を与えられていました。

社会は今、聞きながらうなずいてくれる人を求めています。悲しみや苦しみの中にある人に、背中をさすりながら、「大変でしたね」と言ってくれる人を求めています。まさに上菅別教会がなしてこられた姿そのものであります。

本日の聖書箇所で、マタイは「世の光」を語る前に、「地の塩」について書いているのです。「光」は遠くからでも人を照らすことが出来ます。しかし、心の冷え込みや傷ついていることには気づいていないでしょう。「地の塩」はそうではありません。傍にいることによって、また関わり合うことによって、痛みや悲しみは共有されていくからです。塩の働きそのものです。教会が、そしてキリスト者が「地の塩」となった時、そこには小さな「光」が灯されていくのです。

イエスは「地の塩」という言葉を優先させています。「地の塩」である者こそが「世の光」になれると語っておられるのです。

祈り

上芦別教会に与えられている歩みは、今までもこれからも、「地の塩」の生き方を続けることだと思います。聖霊の助けによってその働きが守られることを祈ります。皆さんの上に神の祝福があることを祈ります。

27　三本の木

日本ナザレン教団飯塚教会
２０２０年12月24日燭火礼拝
ルカによる福音書　２章８～20節

その地方で羊飼いたちが野宿をしながら、夜通し羊の群れの番をしていた。すると、主の天使が近づき、主の栄光が周りを照らしたので、彼らは非常に恐れた。天使は言った。「恐れるな。わたしは、民全体に与えられる大きな喜びを告げる。今日ダビデの町で、あなたがたのために救い主がお生まれになった。この方こそ主メシアである。あなたがたは、布にくるまって飼い葉桶の中に寝ている乳飲み子を見つけるであろう。これがあなたがたへのしるしである。」すると、突然、この天使に天の大軍が加わり、神を賛美して言った。／「いと高きところには栄光、神にあれ、／地には平和、御心に適う人にあれ。」

天使たちが離れて天に去ったとき、羊飼いたちは、「さあ、ベツレヘムへ行こう。主が知らせてくださったその出来事を見ようではないか」と話し合った。そして急いで行って、マリアとヨセフ、また飼い葉桶に寝かせてある乳飲み子を探し当てた。その光景を見て、羊飼いたちは、この幼子について天使が話してくれたことを人々に知らせた。聞いた者は皆、羊飼いたちの話を不思議に思った。しかし、マリアはこれらの出来事をすべて心に納めて、思い巡らしていた。羊飼いたちは、見聞きしたことがすべて天使の話したとおりだったので、神をあがめ、賛美しながら帰って行った。

民話から

クリスマスを迎える夜、皆さんと共にローソクの灯の下で、礼拝が出来ることを感謝いたします。

今晩、世界中で語り継がれて来た『三本の木』という民話を通して、聖書が伝えるクリスマスの確かさに出会ってまいりたいと願っています。この『三本の木』は、多くの方に読まれてきました。私なりにこの物語から受けたクリスマスのメッセージを語らせていただきます。

さて、三本の木が登場します。その中の一本は、世界中で最も美しい宝石を入れる宝石箱になりたいと願っていました。二本目の木は、世界中を大航海する船になりたいと願っていました。そして三本目の木は、天に向かってすくすく育ち、天におられる神様を全世界の人々に指し示したいと願っていました。そんなある日、木こりがやって来て、この三本の木を切り倒していきました。しばらくして、一本目の木は、飼い葉桶に造り変えられて、家畜小屋に置かれました。三本目の木は、地の上に十字架として立てられ、ある日曜日の朝、大地が震える中で、世界中が喜びの声を上げているのを聞く木となりました。お分かりのように、一本目の木は、救い主イエスを寝かせる飼い葉桶となり、救い主の誕生を知らせるものとなりました。三本目の木は、イエスが架けられ、死なれた十字架となりました。しかし、三日目の朝救い主が復活され、世界中の人々と共に喜ぶ木となったのです。

二本目の木

二本目の木から作られた舟は、世界中を大航海する船になることが出来ず、ガリラヤ湖でイエスとその弟子たちが乗るものとなりました。四つの福音書に、この舟が出会った「風（嵐）」のことが六回記されています。そのうちの一つがマタイ八章二四～二七節です。イエスと弟子たちが乗り込んで目的地に進もうとしている時、「激しい嵐」に出会ったという話です。そんな中、イエスはぐっすりと眠り込んでいたようです。共に舟に乗っていた弟子たちは、非常に恐れ戸惑い、イエスを起こしたというのです。二本目の木は、そのような出来事を味わう舟となりました。そして二六節には、「（イエスが）風と湖とをお叱りになると、すっかり凪《なぎ》になった」とあり、さらに二七節において、「いったい、この方はどういう方なのだろう。風や湖さえも従うではないか」と弟子たちは驚いています。

世の終わりの時

この二七節の「風」の原語は、世の終わりの時に吹く風のことを意味する単語が用いられています。それに対して二四節の「激しい嵐」は、私たちが日々の生活の中で神の期待に応えようとする時に出会っていく逆風を始めとして、どこに神の御心が働いているのかと思わせるほどに激しい自然災害等が起こる時の力をも意味しているのです。

もちろん、いずれの「風」も実際の風だけではなく、人間では抑え込むことの出来ない出来事、また人間の希望を完全に奪ってしまう力を意味していることも明らかです。「逆風・突風」とも訳します。

他の五つの「風」に関しての記述はすべて、マタイ八章二七節の「風」と同じ単語を用い、世の終わりの時に、そこで吹き荒れ、世のすべてを消滅させ、崩壊させるものです。そのような出来事の中にイエスは立ち続け、それらを完全に「静めるお方」と伝えているのです。

この二種類の風のいずれも、私たち人間には逃れることは出来ません。力を頼みとして向かってくる様々な事柄に悩まされることもあります。社会の中で、キリスト者は全くの少数者です。キリスト者であり続けるためのたたかいを強いられています。それらの風に対して、イエスもその風を共に受けて下さっているのです。私たちは、「どこにイエスが立っておられるのか」と思うかも知れませんが、神の働きである聖霊が私たちの支えとなり、見えざる形で道を開いて下さるのです。そして、「静まれ」という直接の言葉だけではなく、聖書の言葉に聖霊が働いて神の力となり、キリスト者のたたかいを支えて下さいます。

世の終わりの時、具体的に何が起こるかを私たちは知り得る者ではありません。しかし、イエスが起き上がって、「静まれ」と言って下さるというメッセージなのです。二本目の木は、そのようなお方をお乗せする舟となったことを喜びます。

あなたがたのために

このイエスは誰のためにお生まれになったのでしょう。ルカは羊飼いたちへの言葉として、「今日、…あなたがたのために救い主がお生まれになった」（2・11）と伝えています。けれども、その知らせは羊飼いたちだけのものなのでしょうか。私は伝道者として長く歩ませていただいた中で、「あなた」とは特定の人を指す言葉ではないことを深く思わされてまいりました。「あなた」とは、このメッセージを聞いている「あなた」、聖書を読んでいる「あなた」、様々なことが起こって不安になっている「あなた」、それだけではなく、いつも喜びを感じている「あなた」なのです。すべての人を「あなた」と神は受け止めて、一人ひとりに「あなた」と呼びかけるお方だと感じさせられてまいりました。

『三本の木』を通して、神が語られる「あなたがた」へのメッセージに心を開き、私を「あなた」と呼んでおられる、そのことを思いめぐらす第一歩の日として過ごしていただきたいと願います。人を祝福することこそが、神御自身にとって何よりの喜びであります。神の喜びを私たちも共有出来る者として歩み出しましょう。クリスマス、おめでとうございます。

28　最も大切なこと

日本ナザレン教団飯塚教会
２０１９年４月21日イースター礼拝
コリントの信徒への手紙Ⅰ　15章３〜57節

最も大切なこととしてわたしがあなたがたに伝えたのは、わたしも受けたものです。すなわち、キリストが、聖書に書いてあるとおりわたしたちの罪のために死んだこと、葬られたこと、また、聖書に書いてあるとおり三日目に復活したこと、ケファに現れ、その後十二人に現れたことです。次いで、五百人以上もの兄弟たちに同時に現れました。そのうちの何人かは既に眠りについたにしろ、大部分は今なお生き残っています。次いで、ヤコブに現れ、その後すべての使徒に現れ、そして最後に、月足らずで生まれたようなわたしにも現れました。―（中略）―そして、キリストが復活しなかったのなら、わたしたちの宣教は無駄であるし、あなたがたの信仰も無駄です。―（中略）―この朽ちるべきものが朽ちないものを着、この死ぬべきものが死なないものを着るとき、次のように書かれている言葉が実現するのです。／「死は勝利にのみ込まれた。／死よ、お前の勝利はどこにあるのか。／死よ、お前のとげはどこにあるのか。」／死のとげは罪であり、罪の力は律法です。わたしたちの主イエス・キリストによってわたしたちに勝利を賜る神に、感謝しよう。

パウロの熱意

本日は、「使徒信条」に告白される「死人のうちよりよみがえり」という項目を、コリントの信徒への手紙Ⅰ一五章を通して聞いてまいります。パウロはコリントの人たちに向けて、「最も大切なこと」と伝えています。これは「是非とも聞いて下さい」という意味でもあり、彼の「何が何でもこのことは言わせて下さい」という思いの溢れた言葉なのです。パウロにとっては、イエスの「十字架と復活」を抜きにして福音宣教するということは考えられません。

教会は何よりも十字架の出来事を語っています。それに比べて、復活の出来事の持つ意味は大きいにもかかわらず、語られる回数はそれほどでもないと私は思います。皆さんはどう思われますか。また、復活を信じることが出来ないという方が、教会の中にもいらっしゃるのではないかと思います。一度死んだ者が生き返るという事は、歴史の中でイエスを除いては誰にも起こらなかったからです。人間には起こり得ないと思いますし、人知では到底信じられなくても不思議ではないと私は思っています。復活は聖書に書かれている事柄ですので、聖書からのメッセージを信じる信仰に立たない限り、受け入れることは出来ないでしょう。

パウロは、「そして、キリストが復活しなかったのなら、わたしたちの宣教は無駄であるし、あなたがたの信仰も無駄です」（14節）と断定しています。教会は、そして聖書は、「イエス・キリストによる罪の赦し」を語ります。

イエスの死を通して

イエスの十字架の死について考えたいと思います。当時、十字架は重罪人が受ける最も残酷な死刑の方法でした。ですから、十字架につけて殺すということは、十字架の刑を執行しようとする側にとって重罪人であると判断した結果なのです。人々は、この人には何の罪も無いことを知っていました。けれども聖書の記者たちは、宗教指導者らが民衆を扇動し、十字架につけることを要求させた、と伝えています。同時にその死は、それだけではなく、神の御心としての死であったということも聖書の記者たちは告げ、教会もその信仰に立っているのです。

教会は、十字架とは神が人々の罪をイエスに負わせた出来事であると信じ語ります。パウロはローマの信徒への手紙で、このように述べています。「罪が支払う報酬は死です」（6・23）と。イエスは十字架上で死なれました。罪とその罪がもたらす死が、一旦は勝利を得たかと見えるでしょう。

それでは罪とは何でしょう。「神を悲しませる」こと、つまり自分の都合を優先し、他者を顧《かえり》みることが難しいことが罪なのです。更に言えば、神に対して「アバ、父よ」とためらいなく呼びかけることが出来ないこと、また神に見られたくない、知られたくないという思いを抱いて悔い改めずに生きている人間の在り方を聖書は罪と呼ぶのです。

罪による死を打ち破る復活

コリントⅠの一五章に戻ります。パウロは、「死よ、お前の勝利はどこにあるのか。死よ、お前のとげはどこにあるのか」（55節）と言いました。イエス・キリストが死から復活なさったことによって、死の力は復活の力に勝つことが出来なかったと伝えるのです。イエスが人々の罪のゆえに死なれたことによって、罪のもたらす死、そして罪そのものを彼の復活が全く打ち砕いた、とパウロと教会は宣言いたします。「神よ」と憚《はばか》ることなく呼びかける道を開いて下さいました。これは「赦し」がもたらされているという宣言でもあります。イエス・キリストの復活は、死をもたらす罪を粉砕した出来事であり、その痕跡すらも残さない出来事なのです。復活は「イエスの名によって祈る」祈りの道も開いたのです。罪による死に対しての完全な勝利宣言であります。

今も起こる復活の喜び

このようにパウロの言葉を追ってまいりますと、「復活を信じることが出来ない」という時、そもそも罪の赦しに対する信仰はどうなのか、が問われることになります。逆に、罪の赦しを感謝とともに受け入れているところには復活の恵みが与えられていると言えるでしょう。教会の中で聞かれる「復活を信じることが出来ない」という声は、教会に託されているこの最も大切なメッセージを、現代の私たちが見失っているということかも知れません。それは、パウロが言う「キリストの復活は無駄」だったのか、そして「教会の宣教も無駄」だったのか、と自らに問うことにもなるのです。

　しかし、十字架においてのイエスの死の意味を深く味わえば味わうほど、復活の出来事がいかに喜びに満ちたことであるかを知るようになります。キリストの復活によって、完全な罪の赦しを知ったパウロが、「是非とも聞いて欲しい」と語った時の思いに私たちも連なることが出来るならば、どれだけ幸いでしょうか。それは、私たち人間の側の働きではなく、ただただ神の働きである聖霊によるものである、と言わなければなりません。復活の絶大な恵みが、皆さんの上に豊かにあるようにと祈ります。それと共に、代々の聖徒が告白した「使徒信条」を、今日の私たちも告白出来る喜びも味わわせていただきたいと願います。

29　パウロの生き方

南ソウル教会
２０１６年11月23日
コリントの信徒への手紙Ⅱ　11章16～33節

もう一度言います。だれもわたしを愚か者と思わないでほしい。しかし、もしあなたがたがそう思うなら、わたしを愚か者と見なすがよい。そうすれば、わたしも少しは誇ることができる。わたしがこれから話すことは、主の御心に従ってではなく、愚か者のように誇れると確信して話すのです。多くの者が肉に従って誇っているので、わたしも誇ることにしよう。賢いあなたがたのことだから、喜んで愚か者たちを我慢してくれるでしょう。実際、あなたがたはだれかに奴隷にされても、食い物にされても、取り上げられても、横柄な態度に出られても、顔を殴りつけられても、我慢しています。言うのも恥ずかしいことですが、わたしたちの態度は弱すぎたのです。だれかが何かのことであえて誇ろうとするなら、愚か者になったつもりで言いますが、わたしもあえて誇ろう。彼らはヘブライ人なのか。わたしもそうです。イスラエル人なのか。わたしもそうです。アブラハムの子孫なのか。わたしもそうです。キリストに仕える者なのか。気が変になったように言いますが、わたしは彼ら以上にそうなのです。苦労したことはずっと多く、投獄されたこともずっと多く、鞭打たれたことは比較できないほど多く、死ぬような目に遭ったことも度々でした。ユダヤ人から四十に一つ足りない鞭を受けたことが五度。鞭で打たれたことが三度、石を投げつけられたことが一度、難船したことが三度。一昼夜海上に漂ったこともありました。しばしば旅をし、川の難、盗賊の難、同胞からの難、異邦人からの難、町での難、荒れ野での難、海上の難、偽の兄弟たちからの難に遭い、苦労し、骨折って、しばしば眠らずに過ごし、飢え渇き、しばしば食べずにおり、寒さに凍え、裸でいたこともありました。このほかにもまだあるが、その上に、日々わたしに迫るやっかい事、あらゆる教会についての心配事があります。だれかが弱っているなら、わたしは弱らないでいられるでしょうか。だれかがつまずくなら、わたしが心を燃やさないでいられるでしょうか。誇る必要があるなら、わたしの弱さにかかわる事柄を誇りましょう。主イエスの父である神、永遠にほめたたえられるべき方は、わたしが偽りを言っていないことをご存じです。ダマスコでアレタ王の代官が、わたしを捕らえようとして、ダマスコの人たちの町を見張っていたとき、わたしは、窓から籠で城壁づたいにつり降ろされて、彼の手を逃れたのでした。

信仰者も苦しんでいます

パウロは、コリントの信徒への手紙Ⅱの中で、「だれかが弱っているなら、わたしは弱らないでいられるでしょうか」（11・29）と書きました。彼は「弱さ」を肯定しています。皆さんは自分が弱いと感じたことがおありでしょうか。弱さを感じた時、どのように乗り越えるでしょうか。「信仰が弱い」と言われたくないので無理をし、笑顔が消えているのに信仰者だからと強がっている姿を見かけることもあります。そのように感じた時、伝道者である私は辛く思います。そして、「苦しい時は苦しいと言っても構いませんよ」と言いたくなります。

同時に、「弱さ」を生きたパウロを思い出します。彼はテサロニケの信徒に対して、「いつも喜んでいなさい」（Ⅰ5・16）と書き送りました。「弱っている」方に、「いつも喜んでいなさい」という言葉は酷な場合もあります。「弱っている人・悲しんでいる人」が、その「弱さ」や「悲しさ」、あるいは「辛さ」を信仰者だからと言って抑え込まなければならないとしたら、信仰というものは冷淡で重苦しいものだと言わなければなりません。「弱っているから助けて欲しいんだ」、「悲しんでいるから涙を流したんだ」と言える教会だったら良いな、といつも感じています。伝道者として四三年間歩んでまいりましたが、「悲しい・辛い・分かって欲しい」と言える教会に、どれだけ出会って来ただろうかと思います。それだけではなく、「弱さ」を語ることに対して否定的な言葉を聞かされたこともあります。もし、悲しんだり、弱さを感じたり、辛さを抱えている方がおられた時、皆さんはどう対応されたのか、また、どう対応されるでしょうか。

信仰のたたかいを味わったパウロ

パウロは、「だれかが弱っているなら、わたしは弱らないでいられるでしょうか。だれかがつまずくなら、わたしが心を燃やさないでいられるでしょうか」と語っています。「あの人が弱っているから私が助けてあげよう」という思いから「弱くなる」と言ったのではないでしょう。「よし、あの人のために一肌脱ごう」という思いになったのでもありません。本日の聖書箇所の二三節からの数節、様々な苦難に出会ったことを書いています。文章に書かれたものを読めば「そうだったのか」で済むでしょうが、実際に体験したパウロにとっては、口に出したり文章にしたりする以上の苦難であり、たたかいであったに違いありません。

そのパウロは、自らが体験した苦しみやたたかいをどのようにして乗り越えたのでしょうか。その答えは、まず祈りだったでしょう。苦しみを通して神からの期待を感じ取ったことが窺《うかが》われます。フィリピの信徒への手紙にこう書いています。「つまり、あなたがたには、キリストを信じることだけでなく、キリストのために苦しむことも、恵みとして与えられているのです」（1・29）と。彼がそのような信仰者であったから私たちもそうでなければならない、ということではありません。そうでありたいと願うことが出来れば幸いなのです。この書では具体的なことを書いていませんが、パウロを助ける人たちもいました。少なくとも、彼は一人で伝道旅行をしたわけではありませんから、仲間たちもいました。また、行く先々で事が起こる度に、何らかの助けがあったことも考えられます。パウロは後になって自らの「弱さ」の体験を思い起こす度に、「仲間や多くの人々に祈られ、支えられた」と感謝したのではないでしょうか。

再び「だれかが弱っているなら…」ということ

最近、「恩送り」という言葉が時々使われています。誰かから助けられたことに対して恩返しするだけではなく、受けた恩を他の方に、ある時には次の世代の方に感謝の気持ちを注いでいくことです。パウロが、「だれかが弱っているなら、わたしは弱らないでいられるでしょうか」と言う時、彼自身が弱っている時に助けられたことを思い起こし、その感謝の気持ちが、他の「弱っている人」に対する思いとして表されているのです。感謝が強ければ強いほど、「弱っている人」への思いも強く表されていると言うことが出来ます。「感謝」ですから、決して「一肌脱ごう」という思いではなく、「私も助けられ、支えられて来た」という思いがその根拠となっていたということです。

具体的には、「大変だったね」とか、「本当にそうだね」、「何か私に手伝えることはありますか」等という言葉をかけていたのではないかと思われます。何かをするというよりも、ただ隣に立っているだけということもあったでしょう。それらの一つひとつが、今日的に言う「恩送り」という言葉に当たるのではないでしょうか。パウロが実践した「弱くなる」とは、そのようなことだったと思うのです。

隣人と共に生きる

ここでもう一つ、日本人キリスト者である私にとって目指したい言葉があります。それは、宮沢賢治の『雨ニモマケズ』という詩です。全文読みたいのですが、ここでは割愛し、一部を読んでまいります。

「（略）東ニ病気ノコドモアレバ／行ッテ看病シテヤリ／西ニツカレタ母アレバ／行ッテソノ稲ノ束ヲ負

ヒ／南ニ死ニサウナ人アレバ／行ッテコハガラナクテモイヽトイヒ／北ニケンクヮヤソショウガアレバ／ツマラナイカラヤメロトイヒ／ヒデリノトキハナミダヲナガシ／サムサノナツハオロオロアルキ／（略）／サウイフモノニ／ワタシハナリタイ」

賢治は若い頃、礼拝に出席していた人で、この詩は教会のメッセージから影響を受けて作られたのではないかと私は思っています。しかし、この詩がキリスト教の影響があるかどうかに関わりなく、彼の心の中には、隣人を自分のように愛する思いがあったことが分かります。そして、この詩はイエスの思いに通じていることを否定出来ないでしょう。逆に、キリスト者としての私がこの詩に出会った時に何を思うか、何を祈るかが問われます。宮沢賢治は、東北で生活することの大変さ、人間として生きることのたたかいを知っていた人であります。その彼が「こうありたい」と心から願ったことを詩にしたと思われます。

キリスト者の私は何を願い、何を祈るべきでしょうか。パウロは「弱さ」の中で感謝することを学びました。彼は、「わたしは弱らないでいられるでしょうか」と心の底から思ったのです。それが彼の生き方でした。そして今日においても、教会の生き方、在り方だと私は思っています。押し付けの支えではなく、上から目線の援助でもなく、感謝の内に「一緒に生きていきましょう」と、低くみなされた一人ひとりと共に生きていく教会をこそ、社会は必要としています。私たちの信仰の先輩であるパウロがそうであったように、私たちも聖霊に守られ、遣わされて、そのような生き方をするナザレ人とされたいと願います。

30　この世に置かれている教会

日本ナザレン教団飯塚教会
２０２１年1月３日
エフェソの信徒への手紙　6章10～20節

最後に言う。主に依り頼み、その偉大な力によって強くなりなさい。悪魔の策略に対抗して立つことができるように、神の武具を身に着けなさい。わたしたちの戦いは、血肉を相手にするものではなく、支配と権威、暗闇の世界の支配者、天にいる悪の諸霊を相手にするものなのです。だから、邪悪な日によく抵抗し、すべてを成し遂げて、しっかりと立つことができるように、神の武具を身に着けなさい。立って、真理を帯として腰に締め、正義を胸当てとして着け、平和の福音を告げる準備を履物としなさい。なおその上に、信仰を盾として取りなさい。それによって、悪い者の放つ火の矢をことごとく消すことができるのです。また、救いを兜としてかぶり、霊の剣、すなわち神の言葉を取りなさい。どのような時にも、〝霊〟に助けられて祈り、願い求め、すべての聖なる者たちのために、絶えず目を覚まして根気よく祈り続けなさい。また、わたしが適切な言葉を用いて話し、福音の神秘を大胆に示すことができるように、わたしのためにも祈ってください。わたしはこの福音の使者として鎖につながれていますが、それでも、語るべきことは大胆に話せるように、祈ってください。

新年を迎えて

二〇二一年を迎えました。この年も神の御旨が行われ、それに参加する信仰者として導かれることを祈ります。昨年は、コロナとの闘いで明け暮れた年でしたが、皆さんをはじめ世界中の人が守られることを主に祈る者であります。

世に置かれている教会

本日は、「この世に置かれている教会」という題を与えられ、エフェソの信徒への手紙六章から語らせていただきます。それに先立って、「神は、その独り子をお与えになったほどに、世を愛された」（ヨハ3・16）と聖書は告げています。ある伝道者は、「『世』の所に、あなたの名前を入れて読んでみて下さい」と言っていましたが、この聖句は、やはり「世」という言葉が相応《ふさわ》しいでしょう。御自分の名前を入れて読まれるのが悪いとは思いませんが、イエスが語られたことを通して知るのは、この世が神の国となるという意図であります。その最も確かな表れは、キリスト者に対して「主の祈り」を与えて下さったことです。「御心が天で行われるように地にも行われますように」と祈ることによって、「主の祈り」は神の国を求める祈りであると分かります。神の願い、そしてイエスの視点は、「世」に向けられているのです。だからこそ、ヨハネ三章一六節が語られていると言うことが出来ます。

世に生きる教会

今申し上げましたように、神の視点はこの世に向けられています。そして、教会はこの世に置かれているのです。それは、この世の中で呼吸をしているという言い方が出来るでしょう。では、果たして教会がしているその呼吸は息苦しいのか、あるいは快適なのか、皆さんはどう思われますか。

この呼吸について、二つの面から考えてまいります。一つ目は、キリスト者も非キリスト者も、人間としてこの世は呼吸しやすい所なのかどうかということです。二つ目は、キリスト者としてこの世をどう感じているかということです。これは、ある意味では「色眼鏡をかけて世の中を見ている」という表現が当てはまるかも知れません。ですから、あくまでもキリスト教の信仰者にとってどうなのか、ということなのです。

私は、キリスト者であるか否かに関わりなく、この世は生き辛いと感じています。多くの事が個々人の存在が尊重されない社会であることに起因しています。この世にあって低く見られる人たち、弱さを抱えている人たちが、まず痛み苦しんでいます。

教会に祈りを促す

私たちの教会、そして日本に置かれている教会が属するこの世は、そういう問題が起こっている場であることを否定出来ません。そのような「世」に向かって、教会はどう対応していけばよいのでしょう。エフェソ書の記者はこう書きました。「悪魔の策略に対抗して立つことができるように、神の武具を身に着けなさい」（6・11）と。そして一七節では、「霊の剣、すなわち神の言葉を取りなさい」と語っています。よく知られている言葉の一つです。「神の武具」の中で「神の言葉」だけが攻撃のための、表現を変えれば、相手に向かっていくためのものであり、残りの武具はすべて防御のためのものなのです。この記者は、教会がこの世に対して闘っていく時、神の言葉以外は攻撃に用いてはならないということをメッセージとして伝えています。

そして、この御言葉の「剣」という言葉こそ、注目しなければなりません。ヘブライ人への手紙にある「神の言葉は生きており、力を発揮し、どんな両刃の剣よりも鋭く、精神と霊、関節と骨髄とを切り離すほどに刺し通して、心の思いや考えを見分けることができるからです」（4・12）の中の「両刃の剣」と同じ言葉が使われています。そして、この剣は大上段から振り下ろすような剣ではなく、肉屋さんが使っている刃物、即ち肉の各部位を一つ一つ切り裂く時に使う鋭利な刃物を意味する言葉を、エフェソ書、そしてヘブライ書の記者たちが使っているのです。神の武具としての「剣」即ち「神の言葉」は、この世を細かく観察し、一つ一つを見誤ることなく分析し、一つ一つの事柄を指摘することが出来る力を持っているのです。その武具、即ち神の言葉は教会に託されています。教会こそが、この世において神の言葉によって社会を見極め、見誤ることなく間違いを指摘し、神に、そして人々に受け入れられる道を示す役割を与えられているのです。この世に置かれている教会には、そのことが使命として与えられています。私たちの属する教会は、そのことを使命としているでしょうか。

御言葉の剣を取る教会

最初に申し上げましたように、教会はこの世に置かれています。つまり教会は、「生き辛さ」を感じている人が安心して呼吸が出来るように、御言葉の剣を取って世に関わることが求められています。時々、「私が生きていく目的は何でしょうか」と問われることがあります。同じように、「私たちの教会が存在する意味、目的は何でしょうか」と自ら問う必要もあります。「御言葉の剣を取って、この世に生きることが教会の使命です」と答える教会でありたいと願います。聖霊によって御言葉の確かさ、豊かさ、そして確かな光と慰めを、私たち自身がまず受け止めさせていただきたいと願います。そしてこの世に生き、遣わされている者として、与えられている使命を真摯に受け止め、励んでまいりましょう。そのためには、一人ひとりの祈りを欠かすことが出来ません。ぜひ祈りながら、御言葉の働きを信じて歩み出しましょう。

31　今日という日

日本ナザレン教団藤沢教会
２０１７年８月20日
ヘブライ人への手紙　３章12～19節

兄弟たち、あなたがたのうちに、信仰のない悪い心を抱いて、生ける神から離れてしまう者がないように注意しなさい。あなたがたのうちだれ一人、罪に惑わされてかたくなにならないように、「今日」という日のうちに、日々励まし合いなさい。―わたしたちは、最初の確信を最後までしっかりと持ち続けるなら、キリストに連なる者となるのです。―それについては、次のように言われています。

「今日、あなたたちが神の声を聞くなら、／神に反抗したときのように、／心をかたくなにしてはならない。」

いったいだれが、神の声を聞いたのに、反抗したのか。モーセを指導者としてエジプトを出たすべての者ではなかったか。いったいだれに対して、神は四十年間憤られたのか。罪を犯して、死骸を荒れ野にさらした者に対してではなかったか。いったいだれに対して、御自分の安息にあずからせはしないと、誓われたのか。従わなかった者に対してではなかったか。このようにして、彼らが安息にあずかることができなかったのは、不信仰のせいであったことがわたしたちに分かるのです。

八月二〇日を迎えて

本日は、二〇一七年の八月二〇日ですから、五日前は八月一五日です。七二年前の八月一五日には、日本の国が連合国側に対して全面降伏をして、戦争が終結しました。それから五日後の二〇日には、人々はどのようなことを考えて生きていたのだろうかと思います。誰もが認めるように、戦争は決してあってはならないことです。戦争がもたらす大きな罪の一つは、「人権を奪う」ことです。人権を奪うというのは、人が生きる力としての希望、また笑顔を奪い取るということなのです。

もう一つ、自国が戦うことに否定的な意見を語る時、「非国民」と呼んで、すべての人を戦争に駆り立てようとする流れが生まれてくることです。日本もその例外ではなかったことを歴史が伝えています。世界大戦によってもたらされたのは、世界の人の、そして日本人の人権が無視された事実です。これは、とても大きな問題です。

その事実は当時だけのことではなく今日に至るまで、「人権」とは何かということを社会に問い続けています。そして、第二次世界大戦に参戦した国の中では唯一この国が、原子爆弾による攻撃を受けました。一瞬にして亡くなられた方や、後遺症で苦しみながら亡くなった方など、併《あわ》せて数十万に及ぶ人の命が奪われてしまう等の悲惨な出来事を多々経験しました。人権を無視しないで行われる戦争などは、どこにもないでしょう。

私は戦後生まれですから、戦争体験や終戦直後の苦しみや大変さを知りません。その私でも、幾度か戦争の様子や戦後の話を聞くに及び、これから後の時代には、戦争を肯定したり美化したりする時代が来ないことを願っております。

改めて、本日は八月二〇日です。七二年前のこの日、日本の多くの人々は何を考えていたのでしょうか。私個人の想像では、「これからどのようにして生きていこうか」ということを、思いめぐらし始めたのではないかと思います。それまでの五日間は、「負けるはずのない戦争に負けた」という思い、「戦争とは何だったのか」という思い等が、心の内を行き来していたことでしょう。それらの日々を経て、二〇日頃から現実のことに目を向け始めたのではないかと思います。

「今日という日」

そのことに関して、ヘブライ人への手紙三章から語らせていただきます。この箇所には、「今日という日」という言葉があり、「今日から励まし合うことをしよう」と勧めています。戦争が終わってから七二年たった今、この言葉を私は、「平和のために何をすることが求められているかを考え、手をつなぎ合おう―今日から」と解釈しています。むろん、戦争が無いことだけが「平和」ではありません。一人残らず、世界中のすべての人が「笑顔」でいることが「平和」だ、と私は考えています。それを今年も確認し、再び歩み出す第一歩が「今日」だと申し上げたいと思います。

傷が癒えるために

戦争で心が、また身体が傷ついた方にとって、「戦争」が良い思い出であるはずはありません。後でどれだけ手厚く補償というものがされたとしても、戦争が与えた傷はそのような方法で癒えることは無いだろうと思います。大戦下の日本において原爆で被害を受けた方たちも同じでしょう。また、唯一、日本国内で地上戦となった沖縄戦を題材とした『サトウキビ畑』という歌があります。最後の「この悲しみは消えない」という歌詞に心が動かされます。「この悲しみは消えない」と感じておられる方たちが立ち直る術《すべ》はあるのだろうか、と毎年のように案じられます。「今日という日」から歩き出せたらとは願うのですが、具体的な術はあるのでしょうか。キリスト者である私にとっての大きな課題の一つです。

神の言葉によって

旧約聖書の詩編一一九篇七一節で詩人が、「卑しめられたのはわたしのために良いことでした。わたしはあなたの掟を学ぶようになりました」と書いています。私には、「悲しみが消えない」という言葉と「卑しめられた」という言葉が重なります。「卑しめられた」という語は、口語訳聖書では「苦しみにあった」と訳していますが、原語は四方八方、そして上も下も塞がっていて、どこにも助けの手が見つからず、叫んでも、どこにもその声は届いていかないという意味です。詩人は、助けの手が来る可能性はどこにもない、という言葉を意識的に用いています。

そんな状況の中でも詩人は、「神の言葉としての律法（掟）は活きている」と、ふっと気づかされたのだと思います。「律法」に関して、私たちは上からの押し付け的な行動規定と思いがちです。しかし、旧約聖書時代の人々、特に出エジプトをさせて下さった神を礼拝する者たちにとり、信仰者として目指す生き方は、律法の中にあると受け止めていたのです。実際、神の言葉である律法によって大きな慰めを得、励ましを与えられ、神を思い起こして祈る道が開かれていったのです。神の御手は「律法」という形で、確かに「卑しめられた人々（苦しんでいる人々）」に、もたらされていたと言うことが出来ます。それだけではなく、「神よ、感謝します」という賛美も生み出されたと思うのです。

神の言葉の輝き

「卑しめられた」詩人だけではなく、「悲しみが消えない」人たちにも律法の輝き、即ち神の言葉の輝きは間違いなく与えられ、働いていくと信じます。今日、教会は「卑しめられた人たち」の顔が笑顔になるための働きとして、神の言葉を語ることを神から託されているからです。

テモテへの手紙の記者が、「この福音のためにわたしは苦しみを受け、ついに犯罪人のように鎖につながれています。しかし、神の言葉はつながれていません」（Ⅱ2・9）と書いた時、詩人と全く同じ感動を得ていたのではないかと思います。「繋《つな》がれていない言葉」と受け止めた記者の信仰体験は、今の時代にももたらされています。そのことを味わう私たちは、「今日という日」に、神の言葉の真実さと詩編の詩人が味わった喜びを、福音のメッセージとして何としてでも教会から伝えたいと願うのです。

今日においても、「卑しめられている」と感じておられる方がいるでしょう。教会が語る言葉を待っている方もおられるでしょう。教会は、教会のみの喜びのためにあるのではありません。聖霊の助けによって、神の言葉を語るためにこそ存在しているのです。その御言葉を通して一人ひとりを立ち上がらせる力を持っているメッセージを、「今日という日」から語り始めようではありませんか。八月二〇日こそ、「今日」という日にふさわしいと思います。神の言葉の確かさを味わいながら、主にある全ての教会と祈りを共有し、共に立ち上がってまいりましょう。

32　励まし合う教会

日本ナザレン教団飯塚教会
２０２０年４月26日
ヘブライ人への手紙　3章12～19節

兄弟たち、あなたがたのうちに、信仰のない悪い心を抱いて、生ける神から離れてしまう者がないように注意しなさい。あなたがたのうちだれ一人、罪に惑わされてかたくなにならないように、「今日」という日のうちに、日々励まし合いなさい。―わたしたちは、最初の確信を最後までしっかりと持ち続けるなら、キリストに連なる者となるのです。―それについては、次のように言われています。

「今日、あなたたちが神の声を聞くなら、／神に反抗したときのように、／心をかたくなにしてはならない。」

いったいだれが、神の声を聞いたのに、反抗したのか。モーセを指導者としてエジプトを出たすべての者ではなかったか。いったいだれに対して、神は四十年間憤られたのか。罪を犯して、死骸を荒れ野にさらした者に対してではなかったか。いったいだれに対して、御自分の安息にあずからせはしないと、誓われたのか。従わなかった者に対してではなかったか。このようにして、彼らが安息にあずかることができなかったのは、不信仰のせいであったことがわたしたちに分かるのです。

励まし合いの勧め

ヘブライ人への手紙の記者は、「『今日』という日のうちに、日々励まし合いなさい」と書いています。この書が書かれた時の背景には、キリスト教への激しい迫害がありました。そのような状況に置かれている教会とキリスト者に対し、「励まし合う」ことを勧めているのです。口語訳聖書は、「互いに」という言葉も加えています。今、私たちが出会っているのは迫害とは違い、コロナウィルスによる感染症ですが、教会だけではなく、世界中が緊張しています。そのような時、この手紙の「日々励まし合いなさい」という御言葉の重さを感じています。

教会で「励まし合う」と言う時、三つのことを思わされます。一つ目は「祈り」であります。二つ目は「御言葉」です。そして三つ目は「集会」ということです。しかし今は、不本意ですが「集会」は適《かな》いません。その中に在って幸いなことに、私どもの教会にはインターネットによる配信によって、それぞれの場や家庭で礼拝を捧げるという手段が与えられてはいます。これは第二の策であって、やはり主の許しの下に、共に集まって礼拝を捧げる日が来ることを、真っ先に待ち望んでまいりましょう。

励まし合う祈り

さて、「励まし合う」ことについて一つずつ聖書から聞いてまいります。まず、一つ目の「祈り」についてですが、何よりも今求められる祈りは、コロナ感染症に対して身も心も削って向き合っている医療従事者の方々が守られ、神の助けによってその業を行うことが出来るようにということです。また、科学者の方々の働きも守られ導かれていくことです。さらに、今の状況の中に在って、道を誤ることなく責任を持って発言し、指導し、国民を守っていく世界中の為政者たちの決断が正しく導かれるように、と祈ることです。そのことは本当に大切だと実感させられます。

それとともに、私たちの祈りには、世界中の人々が守られることも加えなければなりません。それらを日々の祈りとしつつ、なお、主に在って教会に集まる方々一人ひとりを思い起こし、それらの方々のためにも祈る必要があります。ヘブライ書の記者が「励まし合う」と言った時、そのような思いがあったのでしょう。私たちに出来る、そして、しなければならない祈りは、教会の一人ひとりを覚えて祈ることです。「祈り合う」という中に励ましの形があるのです。是非、互いを覚えて祈り合う教会であるようにと願います。

さて、私たちは色々な方々を覚えて祈るのですが、「教会の人たちは、祈りはするけれど、行動が伴わない」と聞くことがあります。

しかしここにおいて、一人の人を思い起こしていただきたいと思います。それは、旧約聖書に証しされるモーセという人です。彼は、イスラエルの歴史の中で最も大きな出来事である、出エジプトの時の指導者として選ばれた人です。そのモーセは、エジプトを出たイスラエルの民がカナンに入っていく途上、齢《よわい》を重ねたため、アマレク人との戦いに参加することが出来ませんでした。しかし実は、そのモーセは戦いに参加していたのです。「モーセが手を上げている間、イスラエルは優勢になり、手を下すと、アマレクが優勢になった」と出エジプト記一七章一一節は記しています。イスラエルはこの戦いに勝利を得たのですが、その背後にはモーセの祈りがあったのです。モーセは確かに、祈りにおいて戦いに参加していたのです。

それと同じように、教会は「祈り」において、社会に起こっている事柄に参加していく存在なのです。神は、社会に起こる全ての事柄に、見えない形で関わっておられるお方であります。そして、教会はそのことを受け止めています。そのゆえに、祈ることが教会の役割として与えられています。

励まし合う御言葉

二つ目は「御言葉」であります。教会は聖書から、聖霊の助けによってメッセージを語ります。そのメッセージは説教者の神学的な思考ではなく、説教者の好きな聖句を選んで、ということでもありません。また、信徒の方々に喜んでもらえる聖書の箇所から、ということでもありません。「この聖書の言葉を教会に、そして、教会を通して地域に」と説教者に示されたことが説教として語られます。ですから、今週はヘブライ書の三章の言葉を語ることを委ねられています。

説教者が、与えられた聖書からのメッセージを教会の皆さんに伝えるのですが、先ほど申し上げましたように、本日の礼拝は配信によるものです。しかし、受信する機会を持つことが出来ない方がおられます。それでも、本日の礼拝の説教要旨は、その方にも届けられています。従って、教会の皆さんが「読む」という形で同じ聖書の言葉からの同じメッセージに出会っています。顔と顔とを合わせることが出来ない中でありながら、皆が同じ御言葉から聞き、互いを思って祈り合う、これは信仰による励ましである、と私は感謝とともに思わされております。同時に、説教者として、それを行うことが出来ることを感謝する者であります。

励まし合う集会

三つ目は「集会・信仰の仲間」ということです。いつになったら、皆さんと顔を合わせての礼拝が再開出来るか分かりませんが、その時まで、何とかして皆が同じ聖書の言葉から同じメッセージを聞くことが出来るように、と祈りつつ励みたいと願っています。このために是非ともお祈り下さい。

繰り返します。今は会うことが出来なくても、信仰の仲間が互いを覚えて祈ること、これは「励まし合い」ではないでしょうか。また、信仰の仲間が同じ御言葉とメッセージを聞いて喜び合えること、これも「励まし合い」ではないでしょうか。そして今、同じメッセージを聞いているわけではありませんが、筑豊の地で主を礼拝している同じキリスト信仰に立つ諸教会のために、また、全国に置かれているナザレン教会のためにも祈って下さるならば、それは紛れもなく、信仰の仲間との交わりとなるのです。同じ信仰の仲間がいて下さることは、本当に喜びの限りであります。そのことを私どもの教会の励みとして、祈りつつ歩み、「『今日』という日のうちに、日々励まし合いなさい」という言葉を共に味わってまいりましょう。

主に活かされる者

33　神の前に立つ

日本ナザレン教団藤沢教会
１９７３年４月１日
出エジプト記　３章７～12節

主は言われた。「わたしは、エジプトにいるわたしの民の苦しみをつぶさに見、追い使う者のゆえに叫ぶ彼らの叫び声を聞き、その痛みを知った。それゆえ、わたしは降って行き、エジプト人の手から彼らを救い出し、この国から、広々としたすばらしい土地、乳と蜜の流れる土地、カナン人、ヘト人、アモリ人、ペリジ人、ヒビ人、エブス人の住む所へ彼らを導き上る。見よ、イスラエルの人々の叫び声が、今、わたしのもとに届いた。また、エジプト人が彼らを圧迫する有様を見た。今、行きなさい。わたしはあなたをファラオのもとに遣わす。わが民イスラエルの人々をエジプトから連れ出すのだ。」

モーセは神に言った。「わたしは何者でしょう。どうして、ファラオのもとに行き、しかもイスラエルの人々をエジプトから導き出さねばならないのですか。」

神は言われた。「わたしは必ずあなたと共にいる。このことこそ、わたしがあなたを遣わすしるしである。あなたが民をエジプトから導き出したとき、あなたたちはこの山で神に仕える。」

神の選びと信じて歩む

新しい年度を迎え、教団より当教会牧師として遣わされてまいりました。ただただ、牧師としての働きを怠ることなく行う者でありたいと願っております。お祈り下さい。

本日は出エジプト記三章から、旧約の時代の最も大きな出来事である出エジプトに際し、神によってその指導者として選ばれたモーセを通して語ってまいります。

指導者のモーセと、今ここにいる私とでは比べようもありませんが、共に神の業のために立てられた者であることを思わされております。

モーセは事の重大さのゆえに、神が託した業に対して「わたしは相応《ふさわ》しくない者」と答えています。私も、託されている伝道者としての働きに恐れを感じています。その意味では、モーセの言葉に全く共感するのです。そのような私に対し、神は民数記（13・20）の「それはちょうど葡萄の熟す時期であった」という言葉をもって、伝道者になるようにと迫って来られました。暫く考えた後、伝道者の道へと歩むことを決心したのです。微力ですが祈りをもって臨んでまいります。

羊飼いの役割

モーセは召命以前は長く羊飼いでしたし、出エジプト後もイスラエル民族を長い間、羊飼いのように導きました。

羊飼いの役割は、何よりも羊を育てることです。そのために最も必要なのは、言葉で関わっていくことだと思っています。牧師にとって、信徒の方々を知り、同時に牧師である私を知っていただくことがそれです。お一人ひとりの日常のことや信仰のことは言うまでもなく、それらを「どのような言葉をもって伝え合えるのか」をまず知ることが大切だろうと思わされます。皆さんと私とは、既に私が神学生時代に一年三か月という関わりの時があり、言葉も交わすことが出来ました。そのお陰で、皆さんが何をどのように表現されるか、僅《わず》かでしょうが私は感じているつもりです。そして、私の言葉と表現も感じていただいていることでしょう。

福音はどの人にも、どの時にも言葉を通して伝えられていきます。しかし、その言葉の使い方や用語が一方的であるならば、聞いて下さる皆さんには私の言葉は耳に入っても、福音が伝わる可能性は少ないでしょう。福音は、語る側と聞く側とが共に理解している言葉を用いて語られていくことが望ましいのです。だからこそ、神はイエスにおいて人となられたのだと言うことが出来ます。語る側は必死になって福音を語っているつもりでも、聞き手が持っている言葉を知ることが無ければ、福音が「福音」として伝わることは難しいでしょう。

パウロはコリントの教会宛ての手紙の中で、「たとえ、人々の異言、天使たちの異言を語ろうとも、愛がなければ、わたしは騒がしいどら、やかましいシンバル」（Iコリ13・1）と書いています。「愛」とは「他者を受け入れること」です。相手を思って語るのならば、相手の分かる言葉で語りたいと願っています。福音を語る時に、それが現実に行われていけば、福音が「福音」として相手に届いていくのではないでしょうか。

これからの日々、皆さんと福音を共有し、伝えていくために、多くの言葉を交わしていくことを役割の一つとしたいのです。初めて教会を訪ねて来られた方や、私が町で知り合っていく方々とも、共通の話題等を通して互いが理解し合える言葉を探り、福音を伝える機会を持ちたいと思います。それが、福音宣教の手立てだと思わされているからです。福音が有している力は、すべての人を笑顔にさせ、苦しみやたたかいの時にも生きる喜びを生み出すものなのです。

神の国を目指して

羊飼いは羊を育てる役割と共に、詩編が語る「憩いの水のほとり」（23・2）に羊を導く役割も与えられています。「憩いの水のほとり」とは、神の国の喜びであります。牧師は、信徒の皆さんと共に、神の国を目指す者でなければなりません。教会が、そしてキリスト者が生かされている意味は、神の国を喜び、神の国を作り上げるために働くことにあると申し上げなければなりません。

神の国を別の言葉で表現しますと、「自分が日々生きていることを喜ぶ（存在の肯定）」と言うのが相応しく、国籍等に捉われることなく世界中の誰もが、それを実感出来ることを願っていると思います。それは例えば、経済的に富める人も富んでいない人も、強いと自認している人も弱いと思っている人も、他者から蔑《さげす》まれている人も、心身に病や障害のある人も無い人も、職業や文化の違いがあっても、肌の色や信仰が違っていてもです。世界中の、一人も漏れることなくすべての人が、自分の存在を大切にしたいと願っているでしょうし、されたいと願っています。そして、それが実際になされている所、それが神の国なのです。

主イエスは、「何よりもまず、神の国と神の義を求めなさい」（マタ6・33）と語られました。すべてのことに勝って一番先に、そして強く願っておられます。ですから、これは教会の中に実現するだけでは不十分です。地上に生を与えられているすべての人が生活する社会にも、実現していくことを教会は求めなければならないのです。このような神の国が現実となるために、地上に置かれているすべての教会は、その地域において神の国が実現することを日々に祈り、行動することを主イエスから求められているのです。これが、主イエスの日々の歩みそのものでありましたから。

神の御心を歩むモーセ

先ほどのモーセの話に戻ります。モーセは神からの役割を知らされた時、心の内に躊躇《ちゅうちょ》し、「わたしは何者でしょう」（11節）と、神に問いかけています。それは、「なぜ私が…？」ということと同じです。それでも、神はイスラエル人をエジプトから解放することを御心として、そのためにモーセを選びました。

私がモーセに匹敵する者でないことは明白です。しかし、神は私を伝道者として招いて下さいました。拙《つたな》い者ですが、私に出来ること、また私だから出来ることもあるかも知れません。神はモーセに、「私は必ずあなたと共にいる」（12節）と言われ、さらに、アロンとフルという助け手を与えられました。モーセが孤立することなく、また、独走することのないように、という神の配慮があったと言えます。その後、ヨシュアという後継者も備えられます。神の業、あるいは神の導きは継続するものだと知らされます。

モーセと私、モーセの時代と今日、そしてモーセの置かれた状況と私どもの教会の状況、それらの一つひとつを比較するつもりはありません。もし、私たちが神の御心の前に立たされているのなら、そして神の業を行う教会であるならば、モーセの時のように助け手や後継者をお与え下さると信じます。この教会に与えられた神の業、神からの使命を祈り合いながら、また、聖霊による神の言葉に励まされて歩み出してまいりましょう。神の業が成ること、神の業に加えられていることを信じながら。

34　遣わされる者

日本ナザレン教団九州聖会
１９８６年８月14日
マタイによる福音書　28章16～20節

さて、十一人の弟子たちはガリラヤに行き、イエスが指示しておかれた山に登った。そして、イエスに会い、ひれ伏した。しかし、疑う者もいた。イエスは、近寄って来て言われた。「わたしは天と地の一切の権能を授かっている。だから、あなたがたは行って、すべての民をわたしの弟子にしなさい。彼らに父と子と聖霊の名によって洗礼を授け、あなたがたに命じておいたことをすべて守るように教えなさい。わたしは世の終わりまで、いつもあなたがたと共にいる。」

教会を巡る諸問題への神の働き

この度の聖会の主題は「聖化と宣教」ということで、主にマタイによる福音書二八章一六～二〇節を通して語ってまいります。私はこの箇所から慰めと励ましとを受けています。私が遣わされております所にも、人間関係の悩み、子育てを含む家庭の問題、人権問題など諸々の課題があります。そのような中で、教会がしたいと願うことと、地域が教会に期待することには、大きな隔たりがあることを感じています。

そのような時、イエスが語られた「わたしは天と地の一切の権能を授かっている」（18節）という言葉が私の心に響いてくるのです。「権能」とは、天と地のすべての事を見極め、すべての事について主張し、すべての事に対して愛を持って行使出来る力ということです。行き届かないところはなく、関わることの出来ないことは何もないという強い意味の言葉なのです。もちろん、十字架による贖《あがな》い、罪の赦しを抜きにして福音を語ることは出来ません。しかし、イエスに与えられている「権能」のゆえに、人間では解決が不可能なことに対しても、解決と解放をもたらすのです。「御心が行われますように、天におけるように地の上にも」（マタ6・10）と祈る「主の祈り」を思い起こします。神の御心が地に行われる時、地に生きる人々に笑顔を生み出す解放がもたらされるということなのです。もちろん、救いの完成は主が再び来られる時のものですが、それまでの間教会は、社会で起こっている様々な事柄への神の関わりを語ることが、イエスが語られる「権能」への応答なのです。

社会の中でのイエスの歩み

福音書で伝えられるイエスは、社会の不正や信仰的な欺瞞《ぎまん》に対する警告も与えています。その結果として、イエスは政治犯として捕えられ、十字架の死へ追いやられていきました。マタイ二六章五九節で、「さて、祭司長たちと最高法院の全員は、死刑にしようとしてイエスにとって不利な偽証を求めた」と書いてある通りです。ここにも、私たちの知ることの出来ない形で、神の御心がなされていたのだと思わされます。社会に向かって警告するその姿は、教会が真摯な思いを持って受け止めなければならないものでしょう。教会が社会の不正や、正義に基づかない権力行使に対して意見をいう時、世に歓迎されないことが多いと思われます。そして、イエスが追いやられたように、教会も無視されたりすることが起こり得ます。

イエスの使命

「権能」ということと共に、ルカによる福音書一九章は「失われたものを捜して救うためにきた」（10節）と、イエス御自身の使命を述べています。「失われたもの」とはどういう人であるか。ルカが用いた言葉のギリシア語では「全く忘れられた人」、「無視されている人」、「居ようが居まいが気にかけて貰《もら》えない人」という意味を持っています。つまりイエスは、全く無視されている人たちや、捜すことすら意味がないと言われている人たちを尋ね出して救う、ということです。

内にいるキリストは、どのように生きておられるのか

パウロはガラテヤの信徒への手紙二章二〇節において、「キリストがわたしの内に生きておられる」と書き、そして、「肉において生きているのは、…（中略）…神の子に対する信仰によるものです」と書いています。この言葉こそが、ナザレンが主唱する「聖化」の根拠となっている言葉です。その信仰の中で私の内にあって生きておられるキリストは、どのように生きておられるのでしょうか。躍動感に満ち満ちた方、しかしながら、細心の注意をもって失われた者を尋ね出して救う方、そして必要ならば、時の権力と対峙する

力強い方です。そのような方が私たちの内に生きているでしょうか。

一切の「権能」を持っている、とイエス御自身が語っておられます。「権能」とは先ほど申し上げましたように、何一つ行き届かないことは無いという意味です。そのような「権能をわたしは神から与えられている」と語っているのです。そのような方が私の内にいつでも生きていてほしいと願います。イエス・キリストこそ、あらゆる問題に関わって下さる方であることを感謝します。

さて、私が今大切だと思っていることが二つあります。一つは、十字架と復活の信仰を正しく語ることです。もう一つは、「キリストが私の内に在って生きておられる」ことの重さを忘れないことです。その方は生きておられて、小さくされた人を見守り、寂しさの中にいる人を訪れ、病める人に手を伸ばします。私もそうありたいと願わずにはおれません。私の内に生きておられる方がそうであっても、私の心の有様は違っていることを知っています。「キリストが私の内にいる」などと簡単に言える者ではありません。

イエスの招き

マタイによる福音書の最終章で私は慰めを得ていると最初に申し上げました。イエスは十一人の弟子を呼び寄せたのです。しかし、「（その中には）疑う者もいた」と記述されています。十一とは不完全数であり、更には疑っているということですから、完全とは程遠いのです。にもかかわらず、弟子たちに近寄って来られました。彼ら同様に、その不完全さは私の在り方そのものであることを認めなければなりません。それでも、イエス自ら私に近寄って来て下さったのです。

その上、ヨハネによる福音書一七章一五節では、「わたしがお願いするのは、彼らを世から取り去ることではなく、悪い者から守ってくださることです」と祈って下さってもいます。この時代を、そして将来を生きようとしている教会のために、イエスが祈って下さっているのです。彼の「権能」と「内なるキリスト」に生かされるキリスト者を必要としているのは今日の社会であり、それを愛される神御自身なのではないでしょうか。だからこそ、キリスト者を「この世から取り去ることではなく」と祈って下さるのです。そのことを覚えて応えるナザレンの群れでありたいと願います。神の導きと守りを求めながら、共に歩み出してまいりましょう。

35　十字架の重さを知る

日本ナザレン教団八幡教会

2018年9月30日

マルコによる福音書　15章21〜32節

　そこへ、アレクサンドロとルフォスとの父でシモンというキレネ人が、田舎から出て来て通りかかったので、兵士たちはイエスの十字架を無理に担がせた。そして、イエスをゴルゴタという所―その意味は「されこうべの場所」―に連れて行った。没薬を混ぜたぶどう酒を飲ませようとしたが、イエスはお受けにならなかった。それから、兵士たちはイエスを十字架につけて、その服を分け合った、だれが何を取るかをくじ引きで決めてから。イエスを十字架につけたのは、午前九時であった。罪状書きには、「ユダヤ人の王」と書いてあった。また、イエスと一緒に二人の強盗を、一人は右にもう一人は左に、十字架につけた。そこを通りかかった人々は、頭を振りながらイエスをののしって言った。「おやおや、神殿を打ち倒し、三日で建てる者、十字架から降りて自分を救ってみろ。」同じように、祭司長たちも律法学者たちと一緒になって、代わる代わるイエスを侮辱して言った。「他人は救ったのに、自分は救えない。メシア、イスラエルの王、今すぐ十字架から降りるがいい。それを見たら、信じてやろう。」一緒に十字架につけられた者たちも、イエスをののしった。

神の選び人

本日は、「十字架の重さを知る」という題のもとに、御言葉を味わいたいと思います。冒頭の聖書の箇所に、キレネ人シモンと呼ばれる人が登場します。このシモンは、思いもかけずイエスが負わなければならない十字架を背負わされた人として、聖書の中に描かれています。十字架刑というのは犯罪人が受ける死刑の方法の一つで、ただ刑を受けて死ぬというだけではなく、見せしめを伴った刑でもあります。そこにイエスがつけられるのですが、裁判の場所から刑場まで自分自身で負わなければならなかったようです。しかし、イエスは途中で自分の十字架を負うことが出来なくなりました。疲れと緊張によって、負い切れるだけの力が失せていったのでしょう。そこで、イエスの代わりに背負わされたのが、シモンなのです。

シモンが負わされた苦難

このシモンについて、「強いられた恩寵《おんちょう》」という言い方でしばしば語られてきました。「恩寵」とは「祝福」、あるいは「恵み」という言葉に置き換えることが出来、ぬくもりをもった言葉の筈です。しかし、シモンは強いて負わされたのであって、果たして十字架を負うことを「恩寵」として受け止めたのでしょうか。

神を信じるがゆえに人間が担わなければならない神から与えられた苦難、それらを「神から来たのだから頑張ろう」と無理に自分に言い聞かせて、恩寵と言っているのではないかと思ってしまいます。もちろん、私の心の中に感謝の足りないことを認めております。それでも、シモンにとって十字架を負うことは、「恩寵」となったのでしょうか。信仰の世界に、「たら」や「れば」ということは相応《ふさわ》しくないかも知れません。しかし私としては、「もし私がシモンだったら」とか、「あそこにいなければ」等と思ってしまいます。

シモンはキレネ地方から、過ぎ越しの祭りというイスラエル最大の祭りに参加するために、エルサレムに来ていたようです。シモンは、ナザレのイエスと呼ばれる人が十字架につけられるとは、おそらく知らなかったでしょう。ただ、旅人としてエルサレムの街の通りを歩いていただけであり、その途中で遭遇しただけの人であったと思われます。しかしローマの兵士は、弱々しく十字架を負って歩くイエスを見た時、道端でその光景を見ていたシモン、しかも体が屈強そうなシモンが目に入ったのでしょう。そこでローマの兵士は、イエスが負うべきものを、そのシモンに負わせたのではないかと思います。

シモンが負い、私たちも負う十字架

突然十字架を負わされたシモンは、「これは私が架かるものではない。仕方なく負っているだけだ」という情けない思いになって、歩いていたことでしょう。「まったく思いもかけず、あの時に、あの場所にいたから、こういうことになってしまった」と思うのは不思議ではありません。言い変えると、「何も、私でなくてもいいのに」という思いです。

シモンだけではなく、私たちにもそういう思いや経験があるのではないでしょうか。キリスト者は誰もが、イエスのため、また教会のために、シモンが負ったような形で十字架を負わされることが現実にあるのです。皆がそれぞれの形で、また、それぞれの思いで背負っているのではないかと思います。時には皆で、一つの十字架を負わなければならないこともあります。それは決して軽いものではありません。美しいものでもないでしょう。本来なら、負いたくないのです。それを負ったのはシモンであり、今日においては私たちです。しかし、十字架の上で死なれたのはイエスなのです。

十字架の上のイエス

そこで、皆さんにお尋ねします。繰り返しますが、確かに、シモンも私たちも十字架を負う者ですが、そこには架かっていません。そこに架けられ、死なれたのはイエスです。イエスは十字架の上で、神に文句や愚痴を、また、恨み言を言われたでしょうか。神はイエスの叫びに応えず、沈黙なさったのではないでしょうか。イエスは、完全に孤立した中で死なれたのです。イエスも、きっと誰かに縋《すが》りたかったのではないでしょうか。しかし、誰もイエスに顔を向けなかったのです。

それにもかかわらず、祭司長・律法学者・ファリサイ派やイエスの弟子たち、そしてイスカリオテのユダなど、イエスを十字架に追いやった人々を思いやり、父なる神に、「彼らをお許し下さい」と叫ばれました。それは、「彼らを受け入れて下さい」という意味を持っています。

イエスは、十字架を負い切れない辛さ、弱さ、周囲から浴びせかけられてくる罵声や屈辱感をも、味わっておられたでしょう。そのイエスが、背負い切れない私たちの弱さや心の痛み、そして時には起こってくる諸々の批判や罵声を受け止め、「わたしもそれらのことを味わったんだよ」と語りかけるのではないでしょうか。イエスはそこに架かる辛さだけではなく、私たちが負わなければならないその重さをも知っておられるのです。

十字架を負う意味

私たちには信仰の仲間がいて祈り合い、支え合うことが出来ます。また、内にある聖霊の働きによって助けられるという恵みまでも与えられています。教会のたたかいや信者の苦悩を共に担い合う共同体があることを感謝したいと思います。十字架を負う苦悩は、不信仰、即ち神からの罰ということでは決してありません。信仰者だからこそ味わうものなのです。

十字架を負う者として、なぜシモンが選ばれたのかはよく分かりませんが、彼が負ったからこそ、その出来事が神の業として成し遂げられました。それは、私たちの労苦が神の業のために用いられるということでもあります。私たちの弱さを分かって下さり、私たちの罪を贖《あがな》うことが出来る唯一のお方であるイエスの前に、私たちすべての者は立とうではありませんか。共にイエスの十字架によってキリスト者として生かされているのですから。

36　キリストに在る生と死

日本ナザレン教団飯塚教会
２０１８年４月１日イースター礼拝
ルカによる福音書　18章18～30節

　ある議員がイエスに、「善い先生、何をすれば永遠の命を受け継ぐことができるでしょうか」と尋ねた。イエスは言われた。「なぜ、わたしを『善い』と言うのか。神おひとりのほかに、善い者はだれもいない。『姦淫するな、殺すな、盗むな、偽証するな、父母を敬え』という掟をあなたは知っているはずだ。」すると議員は、「そういうことはみな、子供の時から守ってきました」と言った。これを聞いて、イエスは言われた。「あなたに欠けているものがまだ一つある。持っている物をすべて売り払い、貧しい人々に分けてやりなさい。そうすれば、天に富を積むことになる。それから、わたしに従いなさい。」しかし、その人はこれを聞いて非常に悲しんだ。大変な金持ちだったからである。

　イエスは、議員が非常に悲しむのを見て、言われた。「財産のある者が神の国に入るのは、なんと難しいことか。金持ちが神の国に入るよりも、らくだが針の穴を通る方がまだ易しい。」これを聞いた人々が、「それでは、だれが救われるのだろうか」と言うと、イエスは、「人間にはできないことも、神にはできる」と言われた。するとペトロが、「このとおり、わたしたちは自分の物を捨ててあなたに従って参りました」と言った。イエスは言われた。「はっきり言っておく。神の国のために、家、妻、兄弟、両親、子供を捨てた者はだれでも、この世ではその何倍もの報いを受け、後の世では永遠の命を受ける。」

はじめに

イースター、おめでとうございます。皆さんと共にこの飯塚の地で初めての礼拝を献げられることを感謝し、神様の御名を賛美する者であります。

本日は、ルカによる福音書一八章をお読みいただいております。イースターにはあまり読まれる箇所ではありませんが、「金持ちの議員」と一九章の「ザアカイ」の記述を対比しながら、語らせていただきます。

金持ちの議員の顔

まず、「金持ちの議員」について触れてまいります。彼は「金持ち」と書かれていますから、経済的な面では不足なかったでしょう。また、ユダヤの社会が大切にしていた律法においても怠ることなくそれを守り、生きてきたと語っています。その彼が求めたのが永遠の命でした。それをイエスに「どのようにすれば得られるか」と問いました。それに対しイエスは、「持っている物をすべて売り払い、貧しい人々に分けてやりなさい。…それから、わたしに従いなさい」と告げたところ、「その人はこれを聞いて非常に悲しんだ」のです。悲しんだ議員の顔は当然曇っていたでしょう。「非常に悲しんだ」とありますから、顔だけでなく態度にも表れていただろうと思われます。

ザアカイの顔

続いて、一九章のザアカイについて触れてまいります。彼は、ユダヤ人を支配しているローマ帝国に上納する税金を集めていたので、ユダヤ人たちから非常に嫌われていました。その人に、時の人気者であり多くの人から慕われていたイエスが、「あなたの家に泊めてくれないか」と告げるのです。彼は喜んでイエスを自宅に招きました。彼は徴税の仕事をしていましたから、とても裕福であったと思われます。けれども、親しい家族や友人がいなかったのではないでしょうか。その彼がイエスと語り合っている最中、急に立ち上がり、「主よ、わたしは財産の半分を貧しい人々に施します。また、だれかから何かだまし取っていたら、それを四倍にして返します」と言ったのです。その時のザアカイの顔は、どんな顔だったでしょうか。先ほどの金持ちの議員は非常に悲しんで、その顔は曇っていただろうと申し上げました。彼も、イエスと会う前には関わり合ってくれる人がいなかったと思われます。しかし、イエスと語り合ったザアカイが、急に立ち上がり、悔い改めを言い表した時の晴れ晴れとした顔を想像してみて下さい。

イエスの言葉に出会う

イエスの言葉を聞いて受け入れた人と、受け入れることの出来なかった人との違いを、この二人の姿を通して見ることが出来ます。ザアカイのみならず、その言葉によって悲しさ・寂しさの中から立ち上がることを、「キリストによって生きる」と表現いたします。別の言い方をしますと、「キリストに在る生」ということです。彼は主イエスに出会って、生き方が変わったのです。同時に、今までの生き方に対して「死んだ」とも表現出来ます。「金持ちの議員」は、自分の生き方を変えようとしてはいません。彼は永遠の命を持ちたいと願い、話を聞いたのですが、それを理解せず、自分の生き方にこだわったのです。自分の生き方に対して死んでいないのです。

「復活」と「死」

本日は、主イエス・キリストの復活を記念するイースターの日曜日です。私たちは当たり前のように「復活」と言いますが、「復活」には経なければならない前提があります。それは「死ぬ」ということです。ザアカイは、自分が生きてきた生き方に対して死に、新しく生きる者とされたのです。金持ちの議員は、自分の生き方に死ぬことが出来ませんでした。

私は今、皆さんに「あなたは過去の生き方に死にましたか?」と問いたいのです。「はい、キリストに在って死にました」と表明しておられるでしょうか。「あなたは新しくされて生きていますか?」の問いには、「はい。キリストに在って生きています」と答えておられるでしょうか。キリストに在って生きる者こそが、復活の生をも生きることが出来るのです。

具体的にはどのような生き方なのでしょうか。パウロはコリントの教会に対してこう言いました。「死にかかっているようで、このように生きており」（Ⅱコリ６・９）と。この言葉を別の訳し方をしますと、「死にかかっているように見えても、生きる喜びに溢れている」となります。瀕死でありながら、「生きる喜びに溢れている」のです。喜びの顔をしていると言って良いでしょう。ザアカイの生き方もそうなりました。

キリスト者が直面すること

金持ちの議員とザアカイ―それは今日においては非キリスト者とキリスト者と言うことが出来ますが―共にこの世に身を置いて生きなければなりません。イエスも、彼の家を出た数日後、十字架上で死ぬということが起こりました。人生における十字架の重荷に、金持ちの議員もザアカイも等しく向き合わなければなりません。彼はイエスによって生き方が変わりました。しかし、イエスに従う者は迫害と殉教の死という大きな試練の中に置かれていくことにもなるのです。

絶大な人気を誇っていたイエスが、一転して十字架に架けられるという数日間に、ザアカイとの出会いがあったのです。絶大な人気があるから従うことを選んだのか、その言葉によって自分の生き方が変わったから、イエスに従う者となったのかが問われます。先ほども申し上げましたように、彼はイエスとの語り合いの中で―具体的には何を語り合ったか知る由もありませんが―生き方が変わったのです。その言葉には人を変える力があることを知らされます。そして、キリストに在って生きるということが起こるのはイエス・キリストを通して、また聖霊の働きによって語られる神の言葉によるのです。そのことによってザアカイは迫害に、また殉教の死に出会う時もきっとキリスト者としての生き方を選択したと思わされます。神の言葉こそが信仰者としての道を歩ませます。

福音宣教の本質

福音宣教とは神の言葉は生きていて、真実であることを証しすることです。キリストに在って生きることの最も確かな形がそれなのです。私たちも、今、神の言葉によって新しい生き方をする者、即ちキリストに在って生かしていただいている者であることを感謝して、世に出て行こうではありませんか。

37　在りのままの私

日本ナザレン教団飯塚教会
２０２０年４月19日
ヨハネによる福音書　20章24～29節

　十二人の一人でディディモと呼ばれるトマスは、イエスが来られたとき、彼らと一緒にいなかった。そこで、ほかの弟子たちが、「わたしたちは主を見た」と言うと、トマスは言った。「あの方の手に釘の跡を見、この指を釘跡に入れてみなければ、また、この手をそのわき腹に入れてみなければ、わたしは決して信じない。」さて八日の後、弟子たちはまた家の中におり、トマスも一緒にいた。戸にはみな鍵がかけてあったのに、イエスが来て真ん中に立ち、「あなたがたに平和があるように」と言われた。それから、トマスに言われた。「あなたの指をここに当てて、わたしの手を見なさい。また、あなたの手を伸ばし、わたしのわき腹に入れなさい。信じない者ではなく、信じる者になりなさい。」トマスは答えて、「わたしの主、わたしの神よ」と言った。イエスはトマスに言われた。「わたしを見たから信じたのか。見ないのに信じる人は、幸いである。」

信仰のきっかけ

最初に皆さんに伺いますが、どのような時に「自分は信仰者だなぁ」と感じるでしょうか。さらには、何が信仰者となる、あるいは洗礼を受ける決意へと導いたのでしょうか。

これから、私と使徒トマスの場合を述べていきます。私は十七歳の時に洗礼を受けましたが、それは聖書の言葉が—私の心でしょうか、頭でしょうか—どこかを刺し貫いたからです。私はその頃、はっきりとした自覚のないまま、自分の将来はどうなるのだろうか、何をすることになるのだろうか、と考えていたような気がします。そんな私でも、キリスト者の家庭で生まれ育ちましたので、祈るということを知っておりました。ですから、こう祈ったことを覚えています。「神様、もし出来るなら、あなたが神であることを示して下さい」と。すると、神御自身から、「イエスは言われた。『できれば』と言うか。信じる者には何でもできる」（マコ9・23）という聖書の言葉を通して、私は見事に打ちのめされました。

トマスの場合は、本日の聖書箇所の通りです。彼は、復活なさったイエスと出会う前に、正直にも、「あの方の手に釘の跡を見、この指を釘跡に入れてみなければ、また、この手をそのわき腹に入れてみなければ、わたしは決して信じない」と言ってしまいました。その後すぐ、イエスがトマスもいる弟子たちの所に来られたのです。そして彼に向かって言われました。「あなたの指をここに当てて、わたしの手を見なさい。また、あなたの手を伸ばし、わたしのわき腹に入れなさい。信じない者ではなく、信じる者になりなさい」と。日頃、聖書を読んでおられる方には、よく知られている話です。

ちなみに、この箇所に関しての議論があります。それは、トマスは実際に主イエスの傷に触ったのか、触らなかったのか。また、傷を見たのか、見ていないのかということです。ここで私の説を伝えるのは本意ではありませんが、私はトマスが傷を見たり、触ったりしなかったのではないか、という立場を取っています。それは、イエスがおられると分かった時、それだけで言葉には表すことが出来ないほどの迫力があったのではないか、と感じているからです。

正直なトマス

さて、トマスは十字架に架かられる前のイエスを知っています。イエスも彼を知っています。従って、イエスも彼の別名は「ディディモ」であると御存じだったと推測いたします。「ディディモ」は「二面性を持っている」という意味なのです。この点で、トマスに関する記述がヨハネによる福音書に三つあります。

まず、一一章八節と一六節を続けて読んでまいります。「弟子たちは言った。『ラビ、ユダヤ人たちがついこの間もあなたを石で打ち殺そうとしたのに、またそこへ行かれるのですか。』」、「すると、ディディモと呼ばれるトマスが、仲間の弟子たちに、『わたしたちも行って、一緒に死のうではないか』と言った。」これは二面性の意味とは若干違っていますが、トマスは考えるよりは出来事や人の言葉にすぐ反応してしまう人だったことがうかがわれます。心がすぐ動いてしまう人だったのだと感じています。

二番目は、一四章の四～六節を読んでまいります。「『わたしがどこへ行くのか、その道をあなたがたは知っている。』トマスが言った。『主よ、どこへ行かれるのか、わたしたちには分かりません。どうして、その道を知ることができるでしょうか。』イエスは言われた。『わたしは道であり、真理であり、命である。

わたしを通らなければ、だれも父のもとに行くことができない。』」これらの言葉も、よく知られています。イエスが言われたことに対し、トマスは即座に、そして正直に答えます。これも二面性とまでは言えませんが、トマスの性格がよく表されています。

三番目は、まさに冒頭の聖書箇所です。ここでは、トマスからすれば兄弟弟子たちに、「あの方の手に釘の跡を見、この指を釘跡に入れてみなければ、また、この手をそのわき腹に入れてみなければ、わたしは決して信じない」と言ったトマスが、復活のイエスだと分かった時には、恥も外聞もなく、「わたしの主、わたしの神よ」と告白しています。ここでも正直なトマスです。ここには明らかに、「ディディモ（二面性）と呼ばれるトマス」の姿を見ることが出来ます。

改めて、トマスには性格の上で、よく考えるより先に反応してしまうという面が強いことを私は感じます。そのことはイエスもよく御存じだったでしょう。しかし私には、イエスは彼のそのような性格をあえて直そうとなさらなかっただろうと、聖書を通して思わされます。

個々と向き合うイエス

言い方を変えますと、トマスがトマスであるまま、イエスは彼に向かい合っておられるということです。イエスには十二人の弟子がいました。この十二人にはそれぞれ個性があったでしょう。ですから、イエスが語られた言葉に対しても様々な反応があったと思います。そして、その一つ一つの反応をイエスは受け入れておられたとも思います。そのように考えますと、トマスに対して、「あの弟子のようになりなさい」と仰《おっしゃ》ったとは思えません。トマスはトマスのまま、つまり、トマスが自分自身を偽れない人であるからこそ、イエスとトマスの間での関わりがあり、その中で信仰者として生きることへの、イエスからの期待が起こっていると言えます。

身近な例では、皆さんは、私の他にも多くの牧師を知っておられると思います。しかし私は、その内の誰かのようにはなれません。そして、他の牧師も私のようにはなれないのです。いや、なる必要はないのです。

繰り返すようですが、トマスにはトマスに相応《ふさわ》しくイエスは関わられました。パウロにはパウロに相応しく関わられました。そして、皆さんお一人ひとりに対し、お一人ひとりに相応しくイエスは関わって下さっているのです。

一五章一六節も読んでまいります。「あなたがたがわたしを選んだのではない。わたしがあなたがたを選んだ」というイエスの言葉です。この「選んだ」という言葉は、ギリシア語では「見分ける」・「認める」という意味も持っています。神は、「皆さんお一人ひとりを、お一人ひとりとして見分け、認め、選んで下さっている」ということです。ですから、信仰者としての生き方について、「あの人のようにならなければ」とか、「自分自身を繕《つくろ》わなければ」と考える必要はないと申し上げたいのです。

もし、「誰かのようでありたい」と願うのならば、聖霊の助けによって、「ナザレ人イエスのように」と願う信仰の在り方こそ、皆さんと共に、私は求めたいのです。在りのままのトマスを選ばれた神が、同様に私たちを見分け、認め、選んで下さったのです。その選びに応えながら、私たちの生涯を送ろうではありませんか。

結婚式・告別式

38　一つのもの（ひとりのお方）を見る

日本ナザレン教団飯塚教会
２０２０年11月29日結婚式
エフェソの信徒への手紙　5章22～32節

　妻たちよ、主に仕えるように、自分の夫に仕えなさい。キリストが教会の頭であり、自らその体の救い主であるように、夫は妻の頭だからです。また、教会がキリストに仕えるように、妻もすべての面で夫に仕えるべきです。夫たちよ、キリストが教会を愛し、教会のために御自分をお与えになったように、妻を愛しなさい。キリストがそうなさったのは、言葉を伴う水の洗いによって、教会を清めて聖なるものとし、しみやしわやそのたぐいのものは何一つない、聖なる、汚れのない、栄光に輝く教会を御自分の前に立たせるためでした。そのように夫も、自分の体のように妻を愛さなくてはなりません。妻を愛する人は、自分自身を愛しているのです。わが身を憎んだ者は一人もおらず、かえって、キリストが教会になさったように、わが身を養い、いたわるものです。わたしたちは、キリストの体の一部なのです。「それゆえ、人は父と母を離れてその妻と結ばれ、二人は一体となる。」この神秘は偉大です。わたしは、キリストと教会について述べているのです。

あいさつ

本日、KさんとRさんの結婚式を行い、夫婦となる誓約が交わされました。御列席の皆さんに証人として立ち会っていただいたことに、お二人に代わり感謝を申し上げます。夫婦の誓約をなさったお二人に、神様の祝福が豊かにあるように祈ります。

結婚式の司式の度に、本日のエフェソの信徒への手紙五章のように、夫婦こそ神が求めておられる「愛し合うこと、信頼し合うこと、支え合うこと、祈り合うこと」を体現していく、麗しい人間関係だと思わされます。そのゆえに、司式をさせていただく光栄と責任の重さを受け止めております。

そして、お二人が教会員同士でありますので、教会中の喜びでもあります。しかも、私が洗礼を授けた方の結婚式であるということで、教会と共に私自身にとっても二重の喜びとなっています。本日は御両人の御家族はもちろん、多くの御友人の方も列席して下さっています。お二人が、沢山の方々と良い関わりを持ってこられたことの証しだと思います。そこで、御当人たちにはもちろん、御家族の皆さん、また御友人の皆さんにもおめでとうございます、と申し上げます。

この結婚式の司式者として、これから三つのことを申し上げたいと思います。

列席して下さった方々へのお願い

まず、証人になっていただいた皆さんへのお願いであります。私は皆さんに、誓約した二人のための証人になって下さるように求めました。誓約は神と人との前でなされたものであり、そこには証人が必要だからです。取り越し苦労かとは存じますが、もし万が一何らかの原因で、誓約なさったお二人が、この誓約を解除したいと願った時、証人の責任として、その思いをよく聞き、理解し、必要なアドバイスをしていただく役割を負っていただきたいのです。常に関わることの出来る証人の代表として、TさんとSさんが署名をして下さいました。私を含めて、この式に列席しているすべての人たちで、お二人の誓約が末長く祝福されるように祈り続けていきたいと存じます。

夫婦という人間関係

二つ目は、「夫婦という人間関係」について申し上げます。聖書は、夫婦とはイエス・キリストと教会の関係だと説きます。御存じのように、教会は、イエス・キリスト無しに成立することはありません。そして、イエス・キリストは、教会無しにはこの世に対して伝えられる術がありません。イエス・キリストあってこその教会であり、教会あってこそのイエス・キリストだと聖書は告げるのです。キリスト教信仰に立つ私たちは、そのことを心から信じ、人々に伝えています。イエス・キリストは、教会を裏切ることはありません。教会も、イエス・キリストを信じないということは決してあり得ないのです。そのように夫婦も、妻あってこその夫であり、夫あってこその妻であることを、心の内に留めていただきたいのです。それは、「自分は配偶者から信頼され、愛されている」という形において成り立っていくのであります。そして、その「信頼され、愛されている」ことを忘れたり、反したりする時、夫婦としての関係が壊れていくことになるでしょう。ですから、相手から信頼されている者として相応《ふさわ》しいか否かを、時折り自問していただきたいと願うのです。

共に歩む夫婦の幸い

三つ目は、「共に歩む夫婦の幸い」について語ってまいります。本日の式において、新郎新婦が退場する時の選曲に司式者として私はこだわりました。なぜなら、一緒に退場することが、実は夫婦として誓約をした後の最初の協力を必要とする事柄だからです。私は、結婚式の披露宴に出席する機会を時々与えられてまいりましたが、その中で夫婦となった二人による「ケーキ入刀」がよく行われます。その時に語られるのは、「夫婦で初めての共同作業です」という言葉です。しかし、私はそうは思いません。この式場からの退場こそが、お二人が協力し合っていく最初のことであり、生涯を通して続けられていくことの第一歩だと伝えたいのです。この時、互いを見つめ合ってばかりでは無事に退場することは出来ないでしょう。共に同じ方向を向いて、同じものを見つめて、そして互いに協力し合って歩んでいく第一歩が、退場から始められます。これからいろいろなことに出会っていくでしょう。その時、同じものを見、見たことを互いに理解し合い、協力して歩むということはとても大切です。実際、これからの歩みの中で見えることを互いに語り合っていただきたいと願うのです。見える角度が違うことがあるかも知れません。そして、違った思いを抱くこともあるかも知れません。そのような時にこそ、言葉に出して語り合い、愛をもって祈り合うようにとキリスト者夫婦であるお二人に願っております。イエスは、「二人または三人がわたしの名によって集まるところには、わたしもその中にいるのである」（マタ18・20）と語っておられます。「二人」とは夫婦であり、「三人」とは幸いにもお子さんを与えられた家族とも受け止められます。乗り越えなければならない課題が夫婦に、あるいは家庭に与えられ、それに直面することがあります。その時には、語り合って下さい。祈り合って下さい。

二人の人が顔を同じ方向に向け、同じものを見ることが、どれほど大きな慰めに繋《つな》がっていくのかを、一つの出来事を通して教えられます。それは、東日本大震災が起こり、大津波が発生した直後のことです。家族や大切なものを失った方がたくさんおられます。そのうちの一人の方が浜辺に座り込み、茫然と海の方を見つめていました。その姿を見た一人の牧師は、為す術もなく、ただただ主の慰めを願いつつ、その人と同じ方向に目を向け、傍に座っていました。一つの言葉もない中で、私の傍に居てくれる人がいるということに慰めを感じ、そのことが、立ち上がるきっかけとなったというのです。

式後、退場されるお二人の第一歩は、そのような神が与えて下さる確かな人生の歩みに繋がっていくに違いありません。私はそのことを思う時、お二人が望む曲で退場してもらいたいと強く願いました。どの曲かは申し上げませんが、その時皆さんも、選んだ曲によってお二人の思いを受け止め、生涯を通して同じものを見つめ続ける夫婦であるように、と願っていただければ幸いです。また、聖書の言葉に養われ、共に神に祈りながら歩む夫婦でもあって欲しいと願います。

最後になりますが、夫婦となられたお二人を、生まれた時から、いや、生まれる前から愛情をもって育ててこられた御家族の皆さんの労に対し、神様からの豊かなねぎらいと祝福があることを祈ります。皆さんの健康がこれからも守られ、夫婦となられたお二人のこれからの日々を祈りをもって支えて下さるようにと願います。

本日は、おめでとうございます。

39　楽園に招かれた人

日本ナザレン教団藤沢教会
２０１６年７月９日告別式
ルカによる福音書　23章39～43節

十字架にかけられていた犯罪人の一人が、イエスをののしった。「お前はメシアではないか。自分自身と我々を救ってみろ。」すると、もう一人の方がたしなめた。「お前は神をも恐れないのか、同じ刑罰を受けているのに。我々は、自分のやったことの報いを受けているのだから、当然だ。しかし、この方は何も悪いことをしていない。」そして、「イエスよ、あなたの御国においでになるときには、わたしを思い出してください」と言った。するとイエスは、「はっきり言っておくが、あなたは今日わたしと一緒に楽園にいる」と言われた。

突然の訃報

私たちは、思いもかけずYさんの訃報に接することになりました。まさに急逝そのものでした。御夫人のMさんはじめ御遺族に主の慰めが豊かにあるようにと祈ります。

Ｙさんが召天されたとの第一報を聞いた時、私自身も驚きを感じた者の一人です。私に連絡が入ったのは、所用のため、京都駅に到着した時でした。そこで、すぐに帰る手配をしたのですが、その一つひとつにも神の導きと守りを得、神のなさることに厳粛な思いを抱かされている者であります。そのような思いの中で、本日、Ｙさんの告別式を執り行ってまいります。本日の聖書箇所は、ルカによる福音書二三章です。

主にある者たちの出会い

Ｙさん御夫妻と私どもの教会の出会いは、一昨年三月二日の主日礼拝の時でした。私自身は他教会で説教の御用に当っておりましたので、翌週の礼拝において初めてお目にかかりました。

Ｙさんは、神の言葉を伝える説教と、教会が大切に守り通してきた聖餐式とに、いつも心を寄せておられる方でした。それは、教派は違いますが、数年間の牧師体験がそうさせたのだと思います。ですから、礼拝に出席することを、いつも楽しみにして下さっていました。しかし、本年三月に腰を痛め、教会に来ることが出来なくなりました。その後、幾度かお宅にお邪魔し、家庭において聖餐式を行って参りましたが、私が最後にＹさんとお会いしたのが、六月一六日でした。

Ｙさんが仰いだイエス・キリスト

Ｙさんは、いつも十字架のイエス・キリストの愛に感謝しておられました。私との最後の会話は、三日前の夕方、電話でのものでしたが、その時も十字架への感謝の言葉でした。彼の心の内には、「この私を神が受け入れて下さっている」、特に「この罪深い私を…」という思いがありました。イエスというお方は、私たちの弱さもよく御存じだからこそ、弱さを肯定し受け入れて下さるのだと語り合ったことを思い出します。私は、Yさんがいつもイエス・キリストの前に立ち、御自身を省《かえり》みていた方であると申し上げたいのです。

もう一か所、ルカ福音書を読んでまいります。「これを見たシモン・ペトロは、イエスの足もとにひれ伏して、『主よ、わたしから離れてください。わたしは罪深い者なのです』と言った」（5・8）とあります。ペトロがイエス・キリストと出会った時、「自分はあまりにも罪深く、イエス・キリストの前に立つ資格などない、神の前に立つことなど考えるだけで恥ずかしいほどの人間である」と、自分を理解したのだと考えられます。

Yさんも、同様だったと思います。イエス・キリストを知れば知るほど、そして自分自身を見れば見るほど、その距離が遠ざかっていくような思いになっておられたのではないでしょうか。でも、ペトロがそうであったように、彼も足元にひれ伏したかっただろうと思うのです。この「ひれ伏す」という言葉の原語には、「行ってしまわないでほしい」という願いが込められた意味があります。自分自身を見ると離れてほしい、でも本当は離れないでほしいという葛藤《かっとう》―それがペトロの、そしてYさんの気持ちだったでしょう。

先日、ある歌舞伎役者の発言が、私の耳を打ちました。歌舞伎役者の家に生まれたこの人は、既に父を亡くしていましたが、ある時記者から、「あなたのお父さんを役者としてどう思いますか」と問いかけられました。将来の歌舞伎界を背負っていくであろうその役者は、「父親の背中が見えてきました」と答えたのです。これはおそらく、自分は努力し、頑張ってきているし、父親が名乗った名跡をいずれ受け継ぐための準備もしている、という自負ではないかと私は受け止めました。その時、この役者がもしかしたら、本当の意味での素晴らしい役者にはなれないのではないかと思ったのです。なぜなら、先ほどのペトロの姿を思い出したからです。自分を知れば知るほど、自分自身はイエス・キリストから遠ざかる存在にすぎない、という自覚が生まれるのです。

ペトロもYさんも、イエス・キリストと自分とをよく見比べ、イエス・キリストを知り、自分自身を悔いていたということが分かります。そのYさんは、「罪の赦《ゆる》し」を身をもって味わうことが出来る、教会のとても大切な「聖餐式」にあずかることも重んじていたのです。

楽園に招かれた人

もう一人、本日の聖書箇所の中にも、「自分は罪を犯した者」と自覚している人がいます。イエス・キリストと共に十字架に架けられた罪人の一人であります。彼はこう言いました。「我々は、自分のやったことの報いを受けているのだから、当然だ。しかし、この方は何も悪いことをしていない。」そして、「イエスよ、あなたの御国においでになるときには、わたしを思い出してください」と。このように、イエスと共に十字架に架けられた人が、「自分のやったことの報いを受けている」と言ったのです。「自分には罪がある」という告白なのです。裏返せば、イエスは御国（天国）に行かれるけれども、我々にはその資格はないと認めているのです。この人も、罪のゆえにイエス・キリストと離れざるを得ない者、という自覚があります。しかし、その人に対するイエス・キリストの返答は何だったのでしょうか。「イエスは、『はっきり言っておくが、あなたは今日わたしと一緒に楽園にいる』と言われた」のです。

イエス・キリストから遠い者だ、という自覚と悔いを抱いている一人ひとりに、「あなたは今日わたしと一緒に楽園にいる」とイエス・キリストが宣言して下さっているのです。その宣言は、Yさんにも向けられている、と思わずにはおれません。私たちは今、イエス・キリストの救いの言葉を信じて、Yさんをイエス・キリストの御手に委ねたいと思います。御遺族の上に、特に御夫人のMさんの上に主の慰めがありますように、また、これからの歩みの中で、神が導きを確かに与えて下さるようにと、私も教会の一人ひとりも祈ってまいります。

おわりに

この説教集が刊行されるにあたって、多くの方々から多大の労と祈りを頂きました。ただただ感謝です。

二〇二一年に牧師を退くことになったのは、前年三月ころから視覚に不自由さを感じたからです。それ以来、パソコンとも向き合うことが困難になりました。その中で、キーボードだけを打ち、画面は妻に見てもらって原稿の手直しを行ってまいりました。他の方たちから見ると、まさに夫婦喧嘩のように見えたのではなかったかと思います。それらを乗り越えることが出来たのは、実行委員の皆さん方の祈りと事務局の方々のご協力があったからであります。いまだに、「なぜ、私の説教集が?」と思わされているのは確かですが、この説教集が福音宣教のために、何かのお役に立つことが出来るならば幸いです。

後のことは主の御手に委ねつつ。

関谷信生（せきや・のぶお）
1948年生まれ。（埼玉県浦和）
1968年　日本基督教短期大学卒。
1973年　日本ナザレン教団神学校卒。
同年４月より藤沢教会、上芦別教会、宮崎教会（現 月見が丘教会）、五条教会、松江教会及び米子教会（兼牧）、藤沢教会（２度目）、飯塚教会、いずれも日本ナザレン教団所属牧師として遣わされる。
2021年　隠退
その間、妻純子と結婚。長男（知能に障害を持って生まれる）、長女（生後80日で召天）、次女、三女を与えられ今日に至る。（鳥取県伯耆町在住）

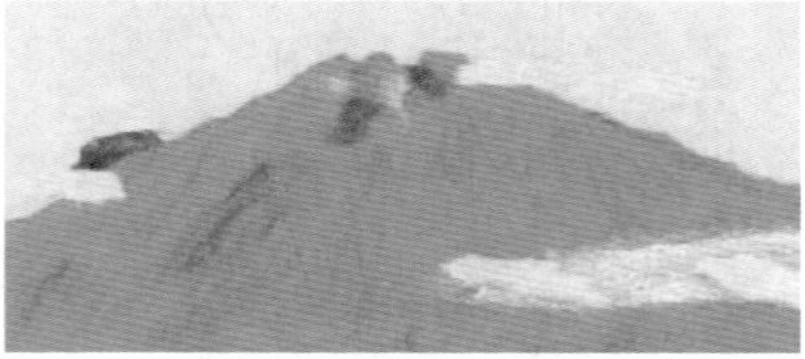
大山雲・関谷純子

聖書に聴く　―　関谷信生　説教集　―

2023年　７月１日　第１刷発行
著　者　関谷信生

発行者　末宗辰彦
発行所　古今社　〒689-3545　鳥取県米子市吉岡65-2
TEL.0859-27-1390　FAX.0859-27-4828
印刷・製本　合同印刷　株式会社

ISBN 978-4-907689-79-7　C1016